# 让写作成为自我精进的武器

师北宸 / 著

中信出版集团 | 北京

图书在版编目（CIP）数据

让写作成为自我精进的武器 / 师北宸著 . -- 北京：中信出版社，2019.12
ISBN 978-7-5217-1155-4

I. ①让… II. ①师… III. ①成功心理－通俗读物②汉语－写作 IV. ①B848.4-49 ②H15

中国版本图书馆CIP数据核字（2019）第228638号

让写作成为自我精进的武器

著 绘 者：师北宸
出版发行：中信出版集团股份有限公司
（北京市朝阳区惠新东街甲4号富盛大厦2座 邮编 100029）
承 印 者：中国电影出版社印刷厂

开 本：880mm × 1230mm 1/32 印 张：9.5 字 数：180千字
版 次：2019年12月第1版 印 次：2019年12月第1次印刷
广告经营许可证：京朝工商广字第8087号
书 号：ISBN 978-7-5217-1155-4
定 价：49.00元

# 推荐语

我常常以为，写作是一种输出知识的过程。但北宸用他的作品告诉我们，写作也是一种学习，是一种个人成长的方式。期待大家能从写作中发现自己、突破自己，成为互联网社会的核心人才！

**后显慧（Luke） 三节课创始人兼CEO**

“有品质的写作，是最高效的社交。”如果你想学习写作，如果你也认同写作的原则是“遵从本心，照料他人”，那么推荐你读读这本书。

**何德文　七八点股权设计创始人**

最近两年读了 200 多本好书，促使我读书的贵人主要有两位，一位是樊登老师，另一位就是师北宸老师。

**张善风　善风心智网创始人**

刚开始翻这本书时，你会注意到很多场景的实用写作技巧，深入挖掘后，你会发现背后有一个共通的写作法。但是仔细去体会，其实这是一本很细腻地讲述关于人的书。愿这本书能让写作这件事成为打开你心扉的一把钥匙。

**王浩之　速溶综合研究所创立人**

北宸是一位优秀的教育者。他的作品和他的人一样，会给人勇气、智慧和力量。

**吴雪钰　应用语言学博士**

教写作套路的人太多了，但能让写作成为认识自我的工具、直接导向行动的，仅有师北宸老师这一份。

**郑廷鑫　新东方“精雕细课”总编辑，《南方人物周刊》原编务总监**

写作能力理应是我们的核心竞争力之一，因为它不仅是一种“高性价比表达”，也是一种“一对多沟通”。希望从这本书开始，你能拥有这种超级竞争力。开卷加油！

**李倩　品牌营销专家，“李倩说品牌”社群创办人**

写作是提高时间复利非常好的方式，运用本书传授的写作底层方法论，提高作品的穿透力，最终提高人生转化率！

**陈勇　“转化率特种兵”，南孚电池、“花点时间”营销专家顾问**

# 推荐序一

很荣幸能为北宸的新书做推荐。

2011 年春节过后，北宸跟我说，他要去东莞待上一年，什么都不干，就是读书、写作。然后，他就真的挥一挥衣袖，飘然南下了。

一年后，我在纽约时报中文网上读到了北宸写的文章，很是惊喜。他的文章立论清晰、论证严谨、逻辑层层递进，颇有西方科技专栏文章的范儿。说实话，我还没见有哪个国内科技专栏作者能够写出类似水准的文章——即便今天也是如此。所以，说他是国内最好的科技专栏作者之一，并不为过。

这些年，北宸和我每年都会见上一两次面。他从东莞回到北京后的经历非常丰富——混过创投圈，加入过明星创业团队，也为国际知名互联网企业在中国做过公关。但我一直有个感觉，写作才是他的真爱。

大约两年前，北宸告诉我说，他在筹备写作训练营。在那之前，他已经做了几期线上课程。每次课程结束后，都会有很多学员给他写信——除了感谢，学员们还会讲讲自己的故事。我很喜欢听北宸转述这些故事。它们并非什么职场或成功学故事，更多的是学员们对个人经历或情感的一种自省。这让我意识到：真正的写作，与其说是写给别人，不如说是写给自己。

在大多数时间里，我们都处在一种惯性（或者说是惰性）之中：用熟悉的产品，做熟悉的事情；闲暇时翻看头条资讯或娱乐视频，并随手点赞转发……这是一种低能量的平衡态。

但如果我们陷在这种平衡态里，我们便会渐渐仅依赖经验做事，久而久之会惰于思考。

想要跳出这个平衡态，我们需要付出一定程度的努力。读一本好书，或者和睿智的人做一番深谈，都会有所帮助。不过，外来的帮助终究比不上内在的自省。我相信，自省是跳出这种低能量平衡态的必要努力。而写作，就是一种自省的工具。

北宸写这本书，也是他的一次自省。

愿你在读了这本书后，也开始把写作当作一种自省的工具。

译言网创始人　赵嘉敏

# 推荐序二

我与师老师的相识始于“三节课”的第一次“了不起计划”，作为那个项目的讲课老师，我第一天讲，他第二天讲，我记得当天讲完他比学员还激动地过来和我说话，他说：“你讲的东西我高度认同，你讲人生觉察，我讲写作，但我们讲的是同一回事。”

有幸听了一次他的写作训练营课程之后，我才发现为什么他的训练营和我的教练课是一回事，这看似是一个写作营，实际上是一个“看见生命”写作训练营，每个人的每一篇作业都有对自己很深的“看见”。看见自己的情绪、看见自己的想法，看见自己在重复着什么模式，透过写作看见自己的人生，疗愈自己的曾经。

师老师是“一把钥匙”的创始人，我欣赏他对写作的热爱，更赞叹他对使命的坚持与执着。看到这本书，就仿佛看到了他努力追求的梦想和为之奋斗的身影。当然，也带给我一些思考与感悟。写作对于我们到底是什么？

著名作家乔治·奥威尔在《我为什么写作》一书中，将写作动机归纳为 4 种：纯粹的个人主义，简单说就是以自我为中心，完全按照自己的方式写作，专注于自我表达；美学的热忱，可以理解为对文学中的艺术美感的追求，并因此想将之分享给他人；历史责任感，渴望看清历史的原貌，渴望挖掘真相并忠实记录，以为后人镜鉴；政治目的，即将文学作品作为政治的工具。

这个概念也许比较高大上，我认为写作就像面对自己，你必须看见它、接纳它、了解它、重视它、掌握它，才能与它和谐相处，才能将它运用自如。

写作可以没有听众，它是与自己的对话。你可以用方圆各异的拼图，把心中的世界拼出来。写作可以没有目的，它是对生活的思考。你可以把行云流水的想法，变成刻骨铭心的记忆。写作可以没有技巧，它是对感情的抒发。你可以把爱恨情愁的念头，变成触手可及的自己。

《三体》告诉我们，录在光盘上的信息不过百年，写在纸上的信息不过千年，刻在岩石上的信息不过万年，可是留在心里的信息不仅不会消逝，还会自行繁衍。

写作不专属于文艺工作者，它与我们的生活息息相关；写作也不专属于青年，中年、老年、儿童，每一个愿意面对自己内心，愿意把自己的世界展现给世界的人，都可以掌握它。我相信越来越多的人会需要写作，热爱写作。

这本书将开启你的写作之旅，让你透过写作看见生命。

方圆教练学院创始人、高管教练　吴翠

# 前　言

2017年9月的一天，我在香港中环诚品书店的推荐书架上看到一本英文书，书名“How to Win Friends and Influence People”吸引了我，直译过来是“如何赢得朋友并影响别人”。当时我心里想，很多国外的书都教人“如何做什么”，而且书名往往很标题党。

后来上网一查，发现这本书曾在盗版书摊风靡很多年。在国内，它被翻译成了《人性的弱点》——看起来更加标题党。

我小的时候在路边盗版书摊就看到过，现在去逛书店也经常能看到它被摆在显眼的位置。2017年年底，我的系列写作课程进入尾声，一次出差时，我在候机厅的书店里又看到了这本书。我从小就被植入了“这是一本‘鸡汤’图书”的想法，“鸡汤”如今并不是个好词，因此我内心对它一直有着隐隐的抵触和抗拒。但出于好奇，也因为怕在飞机上无聊，我买下了一本。

作为一名写作者，关于一本书的作者有没有用心、是否下足了功夫，看上几页我就能了解一二。刚打开读前言，我就立刻感受到作者戴尔·卡内基先生的诚意和用心，并暗自有些羞愧——差点因为自己的固有思维错过一本好书。

其实，《人性的弱点》中的道理，是一些很重要的常识，也是我们经常会犯的错误。比如卡内基先生在第一章第一节讲的第一个故事——几乎每一个进监狱的犯人都认为自己的行为是正确的，在99%的情况下这些犯人不会因为受到惩罚而悔改。——批评与责备并不能给人带来改变，甚至会招来恨意；相反，奖励比惩罚更有效。

你瞧，这么简单朴素的道理，我在十几岁的时候错过，在二十几岁的时候错过，在三十多岁的时候才注意到。巧的是，卡内基先生非常谦逊，他说，别人很早就参透的道理“我却摸索了几十年才认识到”。

经过分析和思考，我知道了是什么让我之前对《人性的弱点》产生反感和抗拒。来看看目录中的几个标题吧。

○ 赢得他人喜爱的六个方式

○ 如何让他人想你之所想

○ 成为领导者，如何改变他人

○ 幸福家庭生活的七个法则

作为一个曾经极其叛逆和自我的人，看到“赢得他人喜爱的六个方式”时，我内心想的是：“我为什么要让别人喜欢啊？做自己就好了。”如果当时的我愿意多翻几页，就能看到在一个标题下他所讲的道理：

> 作恶者怪罪所有人，却从不悔过。世人皆是如此。下一次，

**当指责的话语即将脱口而出的时候，我们不妨三思。指责如同回旋镖，总会伤及自身。**

2018 年我开始创业，开设了“师北宸写作训练营”，即使以一个看起来拥有一定的惩罚权力，可以指导、批评和指责别人的“老师”的身份授课，我也极其克制，因为我非常讨厌被别人指责与批评。我努力做到如果不希望自己被如何对待，就不要那样去对待他人。

当我读卡内基先生的书时，我发现他非常耐心地在讲故事，然后用几句简单却发人深省的话来解释这些故事意味着什么。我在写作和讲话中有时候不够有耐心，而卡内基认认真真把故事讲清楚，然后阐述其中的道理。我并不认为这是“鸡汤”，相反，我认为这非常“实干”——当然了，其实“实干”也是在贴标签——可能是因为自己对手艺人这样的角色有高度的认同，而手艺人又专注于实干，所以情不自禁将自我投射了进去（每个人最喜欢的其实是自己）。

很多人读书只是随便翻翻，然后就把书扔一边，不做任何改变。这不是卡内基所希望看到的结果。他认为：教育的最大目的并非增进知识，而是增进行动。我的看法一样，因此才写下这样一本旨在增进行动的书。

为了帮助每一位读者更好地阅读本书，我模仿卡内基先生写下这篇前言。当然，我自己也是以此为标准读书的。

我越来越认同一个观点：你不需要学习。

这是美国国家训练实验室的一个结论：通过讨论、实践和教授他人的方式，学习内容的平均留存率较高，最高能达到 90%（见图 a–1）。这样的学习方式被称作主动学习。

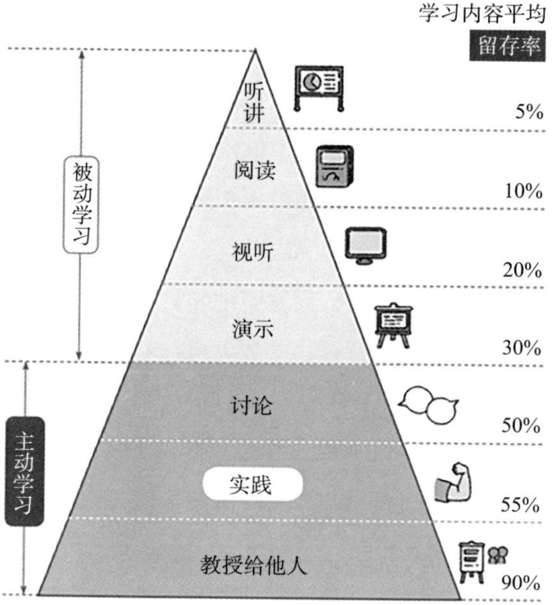


图a-1 学习金字塔

资料来源：国家训练实验室，美国缅因州（National Training Laboratories）

在传统的认知中，学习=听讲，学习=读书。但是听讲和阅读的学习内容留存率，对应的数值只有 5%和 10%。

这也是为什么我们周围很多人，看似每天都花了大量时间去听课和看书，真正掌握的东西却没有多少。

《心经》中有一句话叫“受想行识”，关于这 4 个字有一种解释，我非常喜欢。

○ 受：感觉、直觉

就是你所接收的新东西，包括新的概念、文化、原则、习俗、观念、技巧、方法，等等。

○ 想：概念

把接收的新东西在脑子里认真想一想，看看有没有道理。

○ 行：发挥

在自己身上实践，不断修正自身行为，验证最初接受的假设。

○ 识：意识

通过行动，让接收的东西形成认知或自我意识。

这也是人们常说的“知行合一”，你认同的理念，理应在行为上体现。当你学习新知识时，运用“受想行识”4 个步骤，让它指引你的行为，养成习惯，进而形成你自己的认知。

写作既是一项技能，也是一种思维方式，更是一种与自我相处的方法。当你学会了技能，使其成为自己的思维方式，并且通过写作学会更好地与自我相处、与他人相处、与这个世界相处时，你将终身受益。

有些人可能会问：如何将“受想行识”运用在实际生活中呢?

这本书可以从头开始读，也可以先从你感兴趣的部分开始。我会解释“为什么”，也会讲一讲“如何用”。道术结合，心法与技法都提供。所谓“术”，也就是写作技巧；而所谓的“道”，则是思维方式。刚开始你可能对“术”的部分，更容易理解；过一段时间之后，不妨再回头翻一翻“道”的部分。

总的来说，养成或转变某种思维方式，在短期内似乎更需要花费精力，但长期来看它更省力。因为你的工作、生活中需要用到“写作”的场景不计其数，我虽无法穷尽所有场景，但如果你理解并掌握了某种思维方式，你会发现在很多场景中它都适用。比如，如果你学会了如何与老板沟通和相处，那你和家人的相处也不会太差，反过来道理也一样。

在阅读的过程中，不妨时不时停下来，想一想你收获了什么，日后可以如何运用。你也可以拿一支笔和一个本子，碰到感兴趣或者觉得用得着的建议时，就记下来。当然你也可以用手机或电脑，只要称手就行。用什么工具不重要，重要的是随时记录。

一位年轻的创业者和我讲，他刚毕业的时候做销售，前三个月没开一个单。他们公司要求每一位销售人员每天打 200 个电话，但他发现他们公司的一位销售，每天只打 30 个电话，而且他还患有口吃，但他每个月的业绩却是全公司最好的。

后来他去向这位销售冠军请教经验，销售冠军告诉他，他的心得就两条：第一，尽一切可能多了解客户，在接触客户前，他会通过公开资料和自己的人脉网搜集客户的信息；第二，每次和客户打电话都做记录，通话时长（精确到秒）、聊到的关键内容全都记下来。下次再给这位客户打电话的时候，提前翻一翻自己的本子，回顾一下上一次和这位客户都聊了什么。这样能更准确地把握和客户谈论的重点。

我在自己的写作课程上，和学员分享的最重要的经验也有两条：第一，找到你这个行业最好的资料并努力深挖；第二，一定要做笔记，把你看到的、听到的、读到的、想到的有趣的、有价值的内容通通记下来。

你看，两者是相通的。其实记录并不需要你花费很多时间，每天10~15分钟，这点时间甚至不需要你去“挤”，无论从哪儿都能腾出来。持续一周、两周、一个月、一年……你会发现自己有完全不一样的变化。

刚开始可能会有点难。比如我的一位写作课学员，她是一位短视频博主，有一段时间工作不顺。我告诉她可以尝试着把她的想法都写下来，每天15分钟，连续写4天。第一天，她告诉我：15分钟比想象中长很多，她甚至怀疑自己弄错了时间；而且在写的过程中，她的注意力超级难集中；再有就是自己想法太多了。

写自己的想法要比积累素材容易一点。如果你一开始觉得很难，那只是因为你还不太习惯而已。因为万事开头难。

知识付费时代，很多人通过制造用户的焦虑感来贩卖产品。然而，如果只是基于恐惧和焦虑，学习的驱动力和持续力都不会很强。为了缓解焦虑进行的学习，就像是一根香烟，只能暂时麻痹你的神经而已。所以，每当想要学点什么的时候，你需要好好问问自己：“我是基于恐惧还是基于热爱（兴趣）去学习和成长？”如果是基于恐惧，那不妨进一步追问：让我恐惧的是什么？

如果在学习过程中，不断发掘自己的兴趣，那你将不再需要坚持和自制力。很少有人会说：“我要坚持打两个小时游戏，打不够不能睡觉！”但是我们看到太多人说：“我要坚持学两小时英语，否则今天就白过了！”我现在一天能写8个小时，但如果是看电视，即使是最好的节目，我也很难坚持看两个小时。

在我看来，写作是一项非常实用的技能，更是一件非常有乐趣的事情。很多人仅用一个月的时间，就感受到了写作带来的心灵和能力上的收获。

有一位学员告诉我说："写感谢信的时候，我写给了我的外公。外公去世九年了，我们有过十来年非常快乐的相处时光，但是因为伤痛，我不愿回忆，因而也无法释怀。但是通过这次写作，我直面了这个过程，并且写了很多细节，当隐藏的东西被看到，它也就被转化和释放了。写完这篇文章，我突然如释重负，我对外公隐藏的内疚被释放了。我们之间，留下的只有爱。后来，我在训练营里还写了我的母亲、我的老师、我的前男友等，每一次面对和回溯，就是一次接纳和释放。"

还有一位学员说："学会如何写好求助信之后，终于明白以前别人为什么不帮我了，因为我从没有站在对方的立场上考虑。现在我会在我的工作汇报中注明哪些同事帮助了我，并因此得到了更多的帮助。我的工作也更出色，老板也越来越经常表扬我的工作。"

还有一位学员把自己学完写作之后的心得用在了对女儿的学习指导上。她在文章里写道：

> 辅导三年级的女儿学习看图写话时，居然把写作经验用在了女儿身上。对于刚刚接触作文的小朋友而言，字数是一个很高的槛，而字数的背后，其实是观察与思考。简单地和小朋友交流后，她居然顺利地写出了一篇300字的作文，通篇读下来，除了有几个错别字、缺少几处标点外，整体都很流畅。

之前，这位学员是连琼瑶、金庸的小说都没读过的重度阅读困难户，可现在她已经把写作方法运用到如何教自己的孩子上了。

你还可以通过分享来学习。通过向别人转述自己学到的知识来帮助自己成长。这也是我一直贯彻的原则。读完一本书，我会写一篇读书笔记。我读过的书，去见朋友的时候会带去送给他们。而我也能从朋友的反馈中，知道他们读完这本书的体会与我有何不同，从而帮助我加深了对这本书的理解。

要想学会游泳，最好的办法是跳入水中游几圈。写作也一样，学习写作最好的方法就是写。如果你暂时没有自己的观点，那就把你认可的观点记下来，分享出去，和别人讨论交流，渐渐地你会发现自己的观点越来越清晰，也越来越会表达了。

著名天使投资人李笑来在学习投资的时候，看了很多遍YC创业课，并且在网上不断地更新课程笔记。有一天，我在深圳书城看书，发现一本《斯坦福大学创业成长课》。仔细一看，原来是李笑来把YC创业课的学习笔记整理出版了。

别看大家花了那么多年学习，其实很多人并没有学会如何学习。萧伯纳曾经说过："人们永远无法被'教'会。"学习是一项实践，知识只有通过实践才能获得。行为经济学家B. J. 福格说，持续的改变只有两种方式：从"小"起步，或改变环境。

这本书里，不一定每一个建议都适合你，但如果你觉得这本书里的某一个方法对你有帮助，不妨立刻开始实践，从一个最小的动作开始，每天累加，一定能有所得。

你的梦想是什么？写作在你生命中的位置是什么？最后，不妨思考一下这两个问题。每天我都知道自己在为什么而奋斗，一天写 8 个小时都不觉得累。写完之后我会到楼下去跑 10 千米、15 千米，每一次突破极限时，我虽然身体疲惫可是内心却充满了力量和喜悦。我把这些都写在了自己的本子上，记录自己实现梦想的过程。

你也不妨试试，把梦想写下来。

# 目 录

# 第一章

## 为什么每个人都要学会写作？

## 破除学写作文时的恐惧

韩寒曾经分享过一个经历：他的一篇文章被选用到高中试卷中作阅读理解题目，出题人让考生分析这篇文章的中心思想。他很好奇，自己也回答了一下。之后，他翻开标准答案——他答错了。

韩寒回答自己文章的中心思想，答案却是错的。我认为，这反映了一种标准答案式对错教育。[①]

一些地方的语文教育还有一个特点：过于关注文学性，也就是文章的审美价值和艺术价值，老师花了很大力气教学生如何用好修辞、如何表现文采，却忽略了如何用简洁的文字清楚地表达自己的观点。这就好像学习烹饪，师傅教了你非常漂亮的炒菜手法和精致的摆盘技巧，可是没有教你如何把菜做得营养好吃。

这样的教育方式让很多人对写作产生了一个典型的认知误区：写作等于文采，写作等于修辞。而标准答案式的考试要求，让很多人在写作练习的过程中产生了狭隘的固有认知。并且，如果从小没有建立起信心

---

① 这本书会主要探讨写作的功能价值。我对于写作领域依然充满了好奇，也在研究和探索写作在情感层面和精神层面的价值。

的话，长大后会更容易否定自己在这方面的天赋和能力。

为什么说这是最大的认知误区？观察一下，在日常生活和工作中需要用到写作的场景：发电子邮件、写工作汇报、写项目计划、发朋友圈、写自媒体文章、写自荐信等，相比于文采，逻辑清晰、语言简洁更重要。对了，写情书或许也用得上点文采，但写情书最重要的不是文采，而是“走心”。你很有文采，收到情书的人会觉得你有才华；你走心，对方才会真正被打动。在我看来，这二者的区别就像方文山的歌词和李宗盛的歌词，前者让你觉得你很欣赏和佩服这个人；后者却句句往你心里扎，让你觉得他非常懂你。

写作首先是走心，然后是简洁清晰，而文采在绝大多数情况下其实没那么重要。如果你想成为散文家、诗人、小说家，你可能需要研究一下文采，可如果你连一件事都写不清楚，文采反而可能给你减分——大家都要效率，空洞、啰唆的表达就是在浪费别人的生命，如果和你沟通费劲，久而久之，别人就不愿意和你打交道了。

有不少知名企业来邀请我去做培训，主题就是“如何清晰表达与高效沟通”，在培训之前我们会提前做调研，包括做问卷和一对一访谈。访谈结果令人担忧——在这些非常强调沟通的知名企业中，许多工作多年的人甚至很难把电子邮件写好。有些人不愿意表达自己的真实看法，有些人表达不清楚自己的看法，有些人经常在就事论事中加入太多的个人情绪，有些人只顾着表达自己的看法却不会站在别人的立场去思考……此外，还有一类最典型的心态和做法是，在碰到问题的时候，直接跳出来问：“有没有范文？”

我在网上找到一个范文网站，从中挑了一篇给老师的感谢信，这封感谢信是这么写的：

敬爱的戚老师：

您好，您的身体怎么样？是否和以前一样健壮呢？是否依然带着那惯有的笑容呢？

首先，我感谢您三年来对我慈母般的教导，让我从一个无知的小孩走向成熟。摔倒了，是您教会我如何爬起来；失败了，是您教会我如何吸取教训；哭泣时，是您在我身旁安慰我。这点点滴滴的小事，回忆起来，多么让我快乐。您是怎么想的呢？是跟我有同样的感觉吗？

您还记得那年夏天发生过的事吗？您也许忘了，但我可记忆犹新啊！我在您心中，一直是一位尖子生，但总会让您失望的。您记得那次测试吗？高分连连的我却掉出了那个分数段，那一刻，我消沉了，就像一只大雁遇到了暴风雨的袭击。但是，您知道吗？是您把我从那痛苦的深渊中解救出来。您利用空余时间教导我，使我成绩逐渐上升，彻底摆脱了恐怖的魔掌，让我重新振作起来，一步步走向成功。

小鸣

这样的文章广泛存在于我们的生活中。这封信的最大问题在于，它可以拿过来应付所有老师。看到这样的内容你可能同样反感，在我们以往的写作学习中，几乎没有人告诉你，除了文采以外，文章更重要的是什么。你知道这是错的，但又找不到正确的方向。

每当需要写什么东西的时候，很多人会到网上去找模板，反正大家都这么写，起码不会错……

事实是，走心的文字远胜过这种套话。如果要对某个老师表示感谢，你要写那些独特的细节，而不是这种刻意的煽情内容。

我的语文成绩一直不好，高考时89分，差一分及格。但当我开始为纽约时报中文网、《彭博商业周刊》等媒体写专栏文章时，我才意识到幸好自己之前没有被那种“模板式”“答案式”教育束缚住，才让我在刚开始学习写作——没错，我毕业好几年后，才算是刚刚开始学习写作——的时候，没有太多的包袱，能尽量以一张白纸的状态，真正重新认识写作。

如果你对写作的认知还限于修辞、文采、辞藻、中心思想等概念，你可能需要花不少时间转换思维方式。一位知名作家曾说，小时候被迫学鲁迅，因而对鲁迅的文章产生了很大的厌烦心理，在很长一段时间里完全不想读。工作10多年之后，一个偶然的机会，重新读了一下鲁迅的文章，才发现写得是真不错，于是又买来《鲁迅全集》好好品读。

从现在开始，把以前的条条框框扔掉，这样才能轻松上阵。对大部分人而言，好消息是：你终于不用担心自己没有文采了。

在写这本书的过程中，我得知清华大学宣布在2018级学生中启动“写作与沟通”必修课，到2020年，这门课程将覆盖清华大学所有本科生。特别值得注意的是这门课程的定位。

> “写作与沟通”课程定位为非文学写作，偏向于逻辑性写作或说理写作，以期通过高挑战度的小班训练，显著提升学生的写作表达能力、提高沟通交流能力、培养逻辑思维和批判性思维的能力。

大部分人的大部分写作场景，都是非文学写作。它虽然来得有点晚，而且只在清华大学开课，但至少说明中国的顶尖学府已经意识到非文学写作的重要性。要想学好写作，先要破除对文学性写作的恐惧。你只要会发信息，就可以学会非文学写作。

我在线上、线下开设的写作课程，与清华大学的“写作与沟通”一样，定位都是帮助人们学好非文学性写作，偏向于逻辑性和说理性写作，注重写作在功能层面的价值。除了功能价值，我还会在第五章阐述写作在情感和精神层面的价值。

## 打破思维牢笼，进行思维跃迁

很多人有类似的经验：刚看到一个问题的时候觉得自己明白了，但是真要写出来的时候，却发现总会卡在某个地方。口头表达时碰到逻辑问题很容易绕过去，因为口头表达时人们更关注你说的话是否有吸引力，往往会忽略逻辑的严谨性。但是阅读不一样，如果你写出来的东西全是漏洞，很容易被人一眼识破。所以写作也最能检验一个人的思考能力。

要写好一篇文章，你需要有一个清晰的观点，围绕这个观点搜集素材，构思写作框架，然后选取合适的材料进行修剪和填充。为了打磨好一个话题，你可能还要经历补充搜集、修正、再搜集、再修正等过程。打磨一个话题的过程，就是不断逼自己思考的过程。

亚马逊创始人杰夫·贝佐斯被称为“首席写作布道师”。作为世界上最优秀的技术公司之一，亚马逊对书面文字却出奇地重视。我的一位前领导曾在亚马逊工作，他说在亚马逊内部开会不使用幻灯片，开会前，方案宣讲人需要提交一份 4~6 页纸的备忘录。无论多烦琐的事情都要在这 4~6 页纸内写清楚。正式讨论前，每个人先花半小时把备忘录读一遍。

要在 4~6 页纸的篇幅里把事情讲清楚、没有废话，逻辑清晰，案例严谨、扎实，是一件非常困难的事情。但他同时也提到，这样的制度让他受益颇深。通过这样的方式，他的思维能力和表达能力都得到了极好的塑造。

他的个人体验完全印证了贝佐斯对这一工具的思考，贝佐斯在内部邮件中说：

> 4 页纸的备忘录比 20 页的幻灯片难写，原因是好的备忘录的叙述结构迫使你更好地思考，对什么东西更重要以及哪些东西是相关的有更好的理解。幻灯片式的演示多少会以表象来掩饰想法，使得相对重要性不够突出，并且忽视了想法之间的关联性。

写备忘录对陈述者提出了更高的要求，而把方便留给了受众，这是写作塑造逻辑理性思维的强体现。我有一位同事叫清风，他说，每次打开石墨文档[①]，把自己的想法一点一点呈现出来，并且交付一份完整的文档——无论是一份提纲，一份项目说明，还是一份项目复盘——的时候，都特别有成就感。在对自己的想法进行全面梳理之后，再清晰地表达出来，写作者本人会有最大的收益。

有研究表明[②]，写作具有非常好的疗愈效果。在信息爆炸、快餐式阅读乃至快餐式表达和快餐式沟通盛行的今天，写作能让人慢下来——它可以帮你减少焦虑和压力，用更多时间与自己的内心对话。有时候我们没有办法深度思考，并不是因为我们没有思考能力，而是因为我们的思绪被太多的焦虑、恐惧、紧张、内疚、骄傲……占用。你的大脑被其他不重要的事情占用了太多的内存，如果不把它们清除，你就无法专注于当下的工作，也难以为未来做规划。这就是很多人看似非常勤奋、努力、自律，可是依然很难取得很大的进步和好成绩的底层原因。

当一个人有过不好的经历，那种痛苦会一直储存在身体中。这是人类演化过程中的一种自我保护机制，它能保护我们碰到相同状况时武装自己或者尽快逃跑，以帮助我们在自然界中生存下来。但它也有负面作用，这种记忆会一直被储存在你的大脑中，并让你一直处于防御状态。这种防御状态会演变成人们的思维牢笼，只有破除了这个思维牢笼，才能让自己的思维模式由低层次跃迁至高层次。

我会经常通过"写作禅"来帮助自己消除焦虑，进入更加专注和平

---

① 一款在线写作软件。

② 可参考相关书籍《书写的疗愈力量》《走出心灵荒野》《身体从未忘记》。

静的状态，这时候再去阅读和写作，能与文字，与作者，与自己产生更深层的交流。通过“写作禅”的练习，我能很确切地知道自己处于什么状态，只要更加清楚自己是什么状态，对于通过文字和读者建立连接，我便足够笃定。

很多人在养成写作习惯之前，可能更需要“写作禅”的帮助。你可以由着自己的性子去写，想到哪里就写到哪里。过程中可能会产生各种情绪：痛苦、烦躁、顺畅、愉悦……但写完之后就会有一种畅快感。

在前言中我提到一位短视频博主，有一段时间她工作不顺，总是一会儿开心一会儿失落，一会儿信心满满，一会儿又自我怀疑，每天都是百感交集。她说：“我觉得这个状态特别不对，有种下坠的感觉，感觉在虚度光阴。”在第一天的“写作禅”练习中，她因为想法非常多，注意力很难集中，但到了第二天就有了很不一样的体验，她告诉我：“感觉今天的时间比昨天短了，结束的时候甚至感觉有点突然，还没写够。昨天不知道是不是写作的原因，一天过得挺舒心的，我老公问了好几次‘你今天怎么那么开心’。今天早上更神奇，一觉醒来困惑我好久的事情在脑子里突然有了答案，就像老天告诉我的一样。”

“写作禅”可以忠实地记录你当下的所思所想，不仅能帮你厘清思路，而且事后可追溯、可检视，从而让你在讨论和交流时思路更清晰。

麦克卢汉[①]说：“我们创造了工具，工具反过来塑造我们的思维。”写作是塑造思考能力和厘清思绪的最有力的一项工具。

① 马歇尔·麦克卢汉（1911—1980），20 世纪原创媒介理论家，思想家，主要著作有《机器新娘》（1951 年）和《理解媒介》（1964 年）。

## 社交最佳姿势：让别人主动来找你

2017 年年底，我在豆瓣收到这么一条私信：

师北宸老师，您好！

我们是《见字如面》节目组。

我们在网络上看到您关于《失控》的书评和观点，印象非常深刻，遂发出邀请希望您能助我们一臂之力，加入节目核心策划组，一起做出一档影响空前的清流网络综艺。

看到这条私信时，我愣了一下——《失控》是我参与策划和营销的一本书，早在 2010 年我就写过《失控》的书评和读书笔记。七年后，我竟然因为这篇书评被国内顶级综艺节目组找到，受邀参与策划。

与编导联系后，我得知节目组正在策划一档新节目《一生之书》，他们希望把各个领域的经典图书通过舞台表演的形式呈现出来，在科技领域他们初步选定了几本书：《人类简史》《未来简史》《失控》《三体》。后来我参与了《人类简史》与《未来简史》的策划。这是我第一次与电视媒体人打交道，除了策划人和编剧以外，开心麻花剧组也在现场参与策划讨论会。对于一本书要如何呈现在舞台上，我听到了他们关于节目设计的很多想法和创意。我写过专栏、录过课程，和很多平面媒体人打过交道，而这一次的经历让我了解到内容如何与戏剧结合，是一次非常开眼界的合作经历。

因为写作，我获得过很多机会。我毕业后的第一份工作是因为曾在译言网翻译了几十篇文章，被创始人赵嘉敏认识，从而给了我加入大学时最想加入的公司的机会。我在非常年轻的时候就能够成为凤凰网科技频道的主编，也是因为当时凤凰财经中心负责人在财新网看到我的专栏文章，才给了我这个机会。

好文章自己会走路。对于内向的人来说，这是最好不过的社交方式。

内向者常常被描述为：重视主观世界，沉浸在自我欣赏和陶醉之中，可能缺乏自信、易害羞、冷漠、寡言，较难适应环境的变化。

内向的人很容易被人认为是以自我为中心，孤僻而不爱交际的。事实上，性格内向的人往往更能聚焦于内在世界，有更强的感受和反思能力，这反而能帮助内向的人更好地理解外部世界。

林肯、希区柯克、乔丹、爱迪生、爱因斯坦都是内向的人，爱因斯坦曾说："不是我比别人更聪明，而是我思考问题的时间更多一些而已。"性格内向的人更能专注于自己的思想和情感，他们只有在合适的环境中才能发挥自己的才能。

性格内向的人非常适合通过写作的方式与人"社交"。《五分钟商学院》的作者刘润曾总结过一个"自管花开"行为模式，他是这么描述的：

你可以把自己想象成一朵花，我们只管这朵花开得漂亮，只想着散发自己的光、热和香气。

如果在覆盖范围之内，有人感受到了，那真是幸运，他就有机会成为我们的客户或者合作伙伴了。

我们不愿意拿着手电筒去找客户，也不想着去说服别人，如果发现这个人竟然还要被说服，那就只能证明这朵花散发的光和热还不够。

那没事儿，我继续努力，继续发光发热，争取我的光和热有一天能够覆盖到他。

写文章让你不需要通过社交行为来获得高质量的社交结果。很多人厌恶社交，是因为他们觉得大部分社交是浪费时间的无效社交。

写文章看起来是一项非常孤独的工作，可是当文章发出去之后，社交模式就启动了。只要你持续地输出你的观点、兴趣和喜好，你的文章就会帮助你找到志趣相投的人。如果通过主动的社交方式，效率可能远没有这么高。写作反而成了一种反向筛选，帮你筛选出你希望交往的人。

在写作的过程中你也会面对更多的孤独，喜欢写作、想去尝试写作的人，很有可能也是对孤独有更深刻体验的一类人。很多人认为孤独意味着不会社交，事实上，有研究表明，孤独的人反而拥有更强的社交能力。不过这种"更强的社交能力"，指的是他们有更强的解读、理解人际信号的能力。他们之所以不喜欢社交，或者在社交中没有展现出积极的态度，是因为他们对于自己"可能被评价"这一事实更加敏感，并会从中感受到更大的压力，这种压力会让他们在日常的社交场合中丧失社交能力。

社交一般分为两种：功利社交与共情社交。为什么很多饭局令人讨厌呢，比如在毕业多年后参加的同学会上，有的人总是在言语间“不经意地”透露自己和哪些有权、有名、有钱的人认识，或者基于别人的职位、地位去判断要和谁结交、不和谁结交。这样的社交行为令人讨厌，可是很多时候你又不得不身处其中。

内向的人在类似的线下社交中不占优势，但他们可以通过写作获得优势。他们对人际交往的情绪感受和反应更为敏感，同时也就拥有更高的共情能力。好的文章不只是所谓的道理说得好或者有干货，更重要的是要让读者感觉到“你懂他”。

我的写作训练营与线下私房课，也聚集了大量内向的人。我想，可能这就是“气味相投”。对于外向者而言，和人接触是获得能量的一种途径。出去社交对外向者而言，本身就可以让他们愉悦和开心，他们并不觉得有太大的消耗；但是对于内向者而言，写作则是更好的社交方式，能够使他们在不消耗过多精力也不需费心和人打交道的情况下就达到社交效果。在后面的章节中，我会就这个话题做更加深入的阐述。

## 跳出红海竞争，学会销售你自己

创业类畅销书《从 0 到 1》的作者彼得 · 蒂尔 1998 年与特斯拉的创始人埃隆 · 马斯克一起创办了贝宝，2002 年，他将贝宝以 15 亿美元出售给了易趣。2004 年，他又为脸书投资了 50 万美元，这一笔投资给他带来了 2 万倍的回报。

彼得 · 蒂尔最早学的是法律。1992 年他从斯坦福大学法学院毕业后，在最高法院做了一年书记员，并成为法官职位的两个候选人之一。这看起来是很不错的前途，但是，拿下这个职位就可能意味着更激烈的竞争。于是，他选择离开法律行业，转而进入互联网行业。当时恰逢互联网在美国兴起，进入互联网行业也帮助他找到了自己“从 0 到 1”的机会，避开了红海里的竞争。正是这样的选择，让他有了后来贝宝的成功以及他对脸书投资的成功，在美国做律师竞争非常激烈，而且当律师可得不到 2 万倍的投资回报比。

人们对竞争的偏好根深蒂固，有这样一个故事：

> 一条街上，一个人开了一个加油站，第二个人看到后，在旁边也开了一个加油站，第三个人又在旁边开了一个加油站，一个月以后，这些加油站都倒闭了……
>
> 在另一条街上，一个人开了一个加油站，第二个人看到后，在旁边开了一个超市，第三个人在旁边开了一个餐馆，这条街开始变得繁荣……

寻找一条适合自己发展的职业路径，换一个领域努力相对会更容易获得成功，而且获得的成就也不一定比跑得最快的那个人更差。

我的学历和工作背景都不算好，和名校名企出身的人相比没有竞争优势，只能另外开辟自己的路子。我在开始给媒体写专栏时并没有预设这件事情能为我的职业带来多大的帮助。

然而，随着我发表的文章越来越多，并逐渐在更有影响力的媒体上发布文章之后，我逐渐被行业认可，越来越多的人认识了我。在做公关公司的合伙人时，我常常在见客户的时候遇到这样的情况，对方说："师北宸？我知道，我看过你的文章，我们直接开始吧。"我以前从没做过销售，但在做自我介绍之前，我就已经赢得了对方的信任。

我得到领英的工作有很大一部分原因是我曾经为《彭博商业周刊》、虎嗅、钛媒体等媒体写过专栏。当时领英对于撰写行业分析和评论性文章的能力要求非常高，我的好多同事毕业于美国常青藤盟校。听说，领英在硅谷非常吃香，如果同时拿到谷歌、脸书和领英的录用通知，很多人会优先选择领英。

当你跳出了传统职业发展路径，为自己发声，给自己打上独特的标签时，你就自定义了竞争领域。这时候你不需要那么努力去告诉大家你是谁，别人会主动来了解你是谁。

从你努力说服别人到别人主动倾听，这是一个重要的转折。当别人主动倾听你的时候，你就成功把自己销售出去了。

## 写作是一项高杠杆率的工作

互联网开发工程师的薪水比大部分岗位高，这是为什么？因为他们可以创造更多价值。开发出一个App（应用程序），理论上可以在所有平台发布，一份投入，多份收益，边际成本是递减的，而边际收益却是递增的。

类似地，如果你的一份时间能够创造多份收益，你所从事的工作就是高杠杆率的工作。

如果你想提高自己的工作杠杆率，可以采取以下几种办法：

- 培养或者提升自己“一份时间多份卖”的能力，比如写作。
- 把一些工作外包，这相当于购买别人的时间帮你工作，而你则可以把省下来的时间用于投资自己。
- 留意其他工作机会，提高你单位时间的价格。

我作为专栏作家时，写完一篇文章，会发在多个平台，从而提高了单项工作产生的影响力。此外，公开课也是显著扩大影响力的方式，同一节课在线下课只能对着几十人、一二百人讲，放上网之后可以让一万人、一千万人学习。老师的工作产生的效益被放大了很多倍。

有一位叫“伯通”的媒体人说过，写文章就像开分矿。在《魔兽争霸》这种即时战略游戏里，能够迅速开分矿的玩家，会有更好的战略优势。因为同一个时间段内，拥有两个矿场的人的收入是拥有一个矿场的人的两倍，越往后，矿多的人越占优势。

写作帮你提高工作杠杆率的另一个方面在于帮你实现了个人品牌溢价。更多人将认识到你的价值，从而为你提供更多合作的可能，也给你带来更高的议价权。

写作，就是高效表达与沟通，目的就是让你把观点和信息传递出去，从而获得更好的机会和更高的工作收益。

## 要招就招那个写作最厉害的

37 signals是硅谷一家创业公司，其创始人贾森·弗里德写了一本书《重来》(*Rework*)，这本书里有一篇文章，标题就叫“要招就招那个写作最厉害的”，在这篇文章中，作者写道，如果你要从一堆人中决定出一个职位的合适人选，雇那个写作最厉害的人。无论对营销人员、推销员、设计师还是程序员来说，写作技巧都至关重要。因为一个好的写作者不单是有根好的笔杆子。清晰的写作体现其清晰的思路，优秀的写作者懂得沟通，他们让事情易于理解，他们会站在别人的立场想事情。他们知道什么该省略，那是你在任何求职者中都想看到的品质。写作在现代社会正在东山再起，看看有多少人用邮件和短信而不是用电话交谈，看看有多少交际是发生在微信和社交媒体中。如今，写作能让好主意传播。

学会写作，多数情况下，你不太可能失业；在更多的情况下，它会为你增值。哈佛大学有3 500门课程。而在这3 500门课程里只有一门必修课，这门课就是写作。

罗振宇在“奇葩说”里说：“职场最重要的能力是什么？是表达能力。”“未来社会最重要的资产是影响力。影响力怎么构成？写作、演讲。”

不要以为只有成为所谓的“大人物”才能有影响力，你在公司里的口碑、在朋友圈中的受关注度和在行业中的话语权，都是你影响力的一部分。

每个人的时间花费都可以用两个圈来形容——一个是扩大关注圈，另一个是扩大影响圈。

看电视、刷朋友圈、刷淘宝、刷微博，包括读书和听课，都属于扩大关注圈的行为；而诸如写作、演讲、管理团队，这些行为则是在帮你扩大影响圈。

我们每个人在这个世界的价值体现，本质上不就在于你影响了多少人，以及对不同的人产生了多深的影响吗？

写作，是跨越时空的影响力。

# 第二章

## 写作：高质量社交的利器

从本质上讲，人是一种社会性动物；那些生来离群索居的个体，要么不值得我们关注，要么不是人类。

——亚里士多德

2007 年，我开始在译言网上翻译《纽约时报》《时代周刊》《金融时报》和《彭博商业周刊》的科技类文章，现在回过头看，我很庆幸自己在上大学的时候就与国外一些优质的专业内容保持同步，更重要的是，从那时起，我便已经开始在网上积累个人声誉、树立个人品牌了。

从 2011 年开始，我希望对整个科技互联网领域有更多更深入的理解，并开始系统性地阅读各种互联网理论书籍与人物传记。我觉得输出才能最好地发挥输入的价值，于是我把读过的书写成书评和读书笔记发在网上。两个月后，网易科技的主编问我有没有兴趣在网易科技开设专栏，我的回答是好。在网易科技开设专栏半年后，《彭博商业周刊》、纽约时报中文网也陆续邀请我开设专栏。

四年前那个在天津郊区的大学宿舍里翻译《纽约时报》文章的我从没想过，有一天自己竟然可以在纽约时报中文网开设专栏……再然后，几乎所有的科技媒体都来邀约。我上大学时的梦想就是成为一名专栏作家，而通过努力写作，我仅用了 4 年的时间就成为国内外顶级媒体的专栏作家。

2013 年 2 月 7 日，我收到当时凤凰财经的杨彬彬发来的一封邮件，说："我们正在寻找科技频道负责人，我经常看你的专栏，你有没有兴趣聊一聊？"

一周以后，我们见面，就对科技的理解和对媒体的看法进行了交流。在此之前我很少和同行交流，我的所有看法来自阅读，以及写作过程中的思考。那天我们聊了 4 个小时。

一个月以后，我从一位从未在媒体工作过的业余写作者，成为当时凤凰网最年轻的主编。

2015 年，我成为正阳公关合伙人。公关公司合伙人需要具备多种能力：写稿、文案、方案、商务、客户沟通、团队管理等。在见客户的时候，因为很多客户曾看过我写的文章，我不需要再去多费口舌证明我的专业能力，在我向客户证明自己之前，他已经买我的账了。这意味着，我通过自己的写作与客户之间建立了信任。

从事过商务和销售的人都知道，要想达成交易，产品和服务能力只是基础，决定客户是否买单的，是你与对方之间的信任。很多人花费了大把时间希望与客户建立的联系，在我和客户见第一面时就建立了。这是为什么？

在我开始在客户身上花时间之前，客户已经通过我的文章注意到我了。而我写的每一篇文章，都是同时在和几千、几万、几十万人对话。绝大多数人的单位时间只能与一个人交流，但我在写文章这件事情上面，"偷"到了 *n* 倍的时间和注意力。这也是即使我从没做过商务和销售，一开始就能比一些有多年经验的人做得还要好的原因。

2017 年 5 月，虎嗅网创始人李岷老师发微信问我：“最近有没有空？我请高晓松老师和一些作者编辑吃饭，给我们讲讲娱乐与好莱坞。”

虎嗅网是国内非常有影响力的一家科技媒体，在虎嗅网刚创建时我就成了他们的专栏作者。虽然那时我已经很久没有在虎嗅网写文章，但仍时不时能收到李岷老师的邀请参加一些活动。

作为一个在公开场合非常容易紧张，在超过 4 个人的饭局上就很少发言，即使做了很多的演讲、培训、课程，依然需要花很多时间才能进入状态的极其腼腆内向的人，我觉得写作大概是我能想到的最好的社交方式。

把写文章作为社交方式的最大好处是，你并不需要通过社交行为来获得高质量的社交结果。

写文章看起来是一项非常孤独的工作，一个人对着电脑屏幕敲打键盘。可是当文章发出去之后，社交模式就启动了。只要你持续地输出你的观点、你的兴趣、你的喜好，你的文章会帮助你找到志趣相投的人，他们因为认可你想表达的看法而找到你。

## 主动提供帮助

除了看似被动的人脉拓展，写作还可以帮助你主动拓展人脉。里德 · 霍夫曼是全球最大的职业社交网站领英的创始人，他的助手曾分享过一个获得牛人关注的最好的方法：主动提供帮助。

牛人们有钱又有资源，人脉更广更优质，他们会需要什么帮助呢？

比如比尔·盖茨，他所需要的，同时也是你能提供的，就是信息。信息即你身处他所不熟悉的环境中，对他不熟悉的事物的认知。如果他对中国的“90后”如何看待二次元文化感兴趣，而你恰好是一名“90后”，你可以告诉他你周围的人是怎么看待二次元的，中国的A站（AcFun弹幕视频网）、B站（哔哩哔哩网）是什么，为什么弹幕会从亚文化逐渐变得流行。这就是主动提供帮助给你带来的价值。

主动提供帮助堪称建立人际关系的不二法门，而主动提供帮助最直接的方法仍是写文章然后分享出去。提供帮助的对象有时候是不确定的，有时候是确定的。主动提供帮助，提供有价值的信息，好文章会把你带到优秀的人身边。

## 真诚地倾听

接下来，我想和你分享更深层次的社交，或者叫更深层次的人与人之间的连接体验。

在很长的一段时间里，我经常和人说：我是一个没有朋友的人。在我的定义中，所谓朋友，就是你可以把自己不敢轻易对外人讲的话讲给他们听，你可以在他们面前表露自己的脆弱、恐惧、痛苦与懦弱，简而言之，你可以在他们面前表露最真实的自己。同时，当你取得成绩、成就时，他们也会给你充分的支持与鼓励。

自从创业后，我交到很多朋友。

交到朋友的第一个要点是，我很擅于倾听。倾听又分两层，一层是倾听对方话语中的信息，另一层是倾听对方话语中的情绪。我们很容易只听到别人话语中的信息，而忽略了其中的情绪。

倾听的能力源自真诚的态度。不仅是对对方的真诚，还包括对自己的真诚。以接纳、开放的态度，倾听自己内心的声音，真实地对待自我，把身上虚伪的外壳脱下来。我能比以前更好地感知自己在每一个时刻的感受。

卡尔·罗杰斯是美国心理学家，人本主义心理学的主要代表人物之一，他主张在心理治疗中“以当事人为中心”。对于“以当事人为中心”，卡尔·罗杰斯认为，最有助于当事人的状态，是治疗者的“真实”。在他自述中，他这么说道：

> 在与当事人的关系中我发现，从长远而言，扮演非真我的角色无益于治疗。当我实际上感到愤怒想提出批评却装作平静愉快时，这是无益的。当我不知道答案却要装作知道时，这是无益的。如果此刻的我充满敌意却要装作充满爱心时，这是无益的。当我实际上感到惶恐不安却装作似乎胸有成竹时，这是无益的。

当看到这一段的时候，我非常惊讶。作为心理咨询师，当他不喜欢某位当事人时，他会真实地表达他的情感；当他觉得当事人让他感觉烦恼或乏味时，他也也会坦诚地表达。这时候，双方之间反而更加诚恳。

有一次和一位朋友“莉莉盒”一起喝咖啡，她和我分享了她对写作训练营的许多观察体会。她谈到契诃夫的一个短篇故事描述的就是训练营的群像图，我们的谈话持续了四五个小时，她讲了很多她自己的看法，也给了我很多建议和方法，这时我却明显感觉到大脑非常累，突然产生了很强的疲惫感和压力，于是我告诉她："不好意思，我不太舒服，一会儿我可能要提前离开了。"后来我就叫了一辆出租车，准备先回去。一方面我觉得很抱歉，另一方面我已经疾累的身体信号表现得非常强烈。

见完莉莉盒的第二天，我突然意识到自己身上的一个特质——我擅长"听"情绪，但极不擅长"听"信息。于是，我发了一条朋友圈：

> 我一方面觉得自己倾听能力很好，另一方面又奇怪为什么自己听不进去课程。今天终于找到了原因。
>
> 我的听，大部分时候是在听情绪，不太擅长听信息。而课程主要是由信息构成的。昨天和莉莉盒聊天时，她的逻辑性、条理性和洞察力都非常强，基本都是讲干货，但聊到后来我就很疲惫。
>
> 所以，在德鲁克的分类里，我算读者型，还是听者型？什么时候听信息重要，什么时候听情绪重要？嘴巴虽然只有一张，输出的信息量却是多维的；耳朵有两只，却很难分别处理好信息与情绪。

看到这条信息之后，莉莉盒也发了一条朋友圈，她的朋友圈是这么写的：

这个反思中的“莉莉盒”是我，感谢你以这样的形式告诉我“聊到后来就很疲惫”，这说明我有多么地不会察觉现场气氛、调整策略。

这不是在自我否定。而是以此发现了一个前后情绪的比照：

我以为把自己看到的、感受到的，原原本本告诉你，这种真实和坦诚，会是有效的素材，或者某种启示。原来，它会给人造成负担。

我的自我反思就是：与别人分享初心无错，但是通过“讲”还是“写”的形式，如何讲、如何写，才是关键。

接下来我会调整自己的行动：面对读者型人士在交谈时偏重故事、感受和情绪，而逻辑和干货则更多通过写的方式呈现。这样的交流就会更加顺畅和舒服。

弄清楚这个，我很欢喜。

我在自己的朋友圈公开讲“听她讲话很疲惫”，这在很多人看来是对朋友的批评、否定、不认可。当然，朋友间互相的尊重和礼貌是必不可少的，可是在交流中，顾虑太多，以至于有话不能直说，反而会让双方的关系走向一种虚假。

当你因“客套”而传递出虚假的感受，双方的关系便走向虚假。而当你真实且诚恳地表达自己的感受时，对方也会理解并接纳你。你的真实呈现，甚至也会引起别人的改变。

我发朋友圈并不是希望改变莉莉盒，只是呈现了自己的反思，呈现了自己的整个思考过程，莉莉盒在看到后随即也把她的心声呈现了出来。仅此而已。

我在讲授线下课的时候，讲完一个小故事，台下的同学会因有所感触而落泪。我的线下私房课有一个环节——围炉夜话，即所有人围坐成一圈，我抛出一个话题，大家可以就这个话题各抒己见。一场围炉夜话结束后，大家彼此之间往往会形成更紧密的关系。

我和刚结识的工作伙伴，也能很快达到亲密交流的状态。有时，我会把交流后我的感受用纸和笔写下来，然后拍照发给对方。最开始的时候我分享时会很忐忑——害怕自己的感受得不到认同，被批评、被指责，但渐渐地，我发现：当我越勇于把自己真实的感受分享出去，往往越能收获对方的理解、接纳、鼓励和支持。也有越来越多的朋友，愿意把他内心的声音分享给我。

什么是被动的高质量社交？真诚地倾听自己内心的声音，倾听别人的声音，把自己的真实感悟记录下来，再交流出去。以心交心，你就能与其他人形成更深的连接。

## 是偶像，也是普通人

2008年7月的一个下午，我正在办公室工作。突然一位同事叫我："北宸，有你的电话！"然后他小声地说："他说他是罗永浩，是那个罗永浩吗？"

我又紧张又有些难以置信地拿起了电话。

"你好。"我拿起电话。

"请问是师老师吗？"电话那端的声音有很熟悉的东北口音。

我说："啊？"从来没人叫过我老师，我脑子还很蒙。

"请问是师北宸老师吗？"对方继续问。

这时候我听出来了，就是"老罗语录"里那个声音，就是那个罗永浩。他说，他很愿意和我们合作。

在我上大学的时候，罗永浩是引导我独立思考的启蒙者，他写给俞敏洪的求职信也给了我很大的启发和鼓舞。当你上大学时每天从网络上听到声音的人，突然主动给你打电话，这是什么感觉？

接到偶像的电话时，我按捺住自己内心的兴奋，假装冷静地继续和他交流。

当年的新浪博客非常火，罗永浩当选了十大新浪博客博主，当时的他正在筹备老罗英语培训。几天以后，我们约在中关村见面。当时的我刚毕业，不修边幅，竟然穿着短裤和拖鞋就去了。好在罗老师也没太在意。一起吃饭的还有他的两位同事，其中一位是许岑老师，在老罗英语培训和锤子手机的发布会上，他时不时会上去演奏一段吉他，罗永浩发布会的PPT大多也由许岑老师制作。

## 一起努力做点什么

罗永浩给我打电话的原因是我给他发的一封电子邮件。

这封电子邮件全文是这么写的：

老罗，你好。

我每天都会登录牛博网，知道你最近很忙，我就开门见山吧，不多耽误你的时间。

首先自我介绍一下，我是译言网（www.yeeyan.com）团队成员之一。译言网是处在创业期的网站，于2007年上线。我们希望为中文用户提供了解世界的一个窗口，让中文互联网上除了××之外，有更多有价值的内容。更多介绍，您可以看这里（附了介绍链接）。

昨天晚上我看到骗银老师在一篇博客中，大力推荐译言网上的《十亿消费者》，作为一个网站的运营/推广者，除了看到自己的网站内容由于被推荐得到大流量，并因此感到兴奋之外，我更因为网站给读者带来了价值而激动。

除了骗银老师的大力推荐，许多牛博网的作者（比如胡缠、苗炜、黄章晋等）也转载或推荐了译言网，一方面令人感到高兴，另一方面也激励我们提供更多高质量的内容给读者。

骗银老师的文章让我产生向老罗申请开通博客账号的想法，当然，从牛博网过来的大流量也是促成我写此信的原因。从后台数据来看，从牛博网过来的读者比从其他网站（除豆瓣以外）过来的读者的跳出率都要低。

从以上两方面来看，我认为译言网的内容非常适合牛博网。

当然了，译言网申请在牛博网开博是希望可以在牛博网的首页上展示。我们会挑选最精彩的译文（比如《时代周刊封面》《20世纪美国农村发展政策》等）奉献给牛博网的读者。

作为回报（请不要介意我使用这个词），我们也会在译言网上隆重介绍牛博网以及老罗英语培训学校，并在首页重点位置贴出链接。我也希望可以让译言网的读者读到牛博网的精彩文章。

希望您忙里抽空，先看一看译言网。

谢谢。

祝牛博网越办越牛，祝老罗英语培训多多赚钱。

师北宸（译言）

在与罗永浩的合作上，我思考的是如何给予对方价值，以及在此基础之上，我又有什么样的诉求。而整件事情的出发点，无非是这么个过程：

○ 我很喜欢自己的偶像——罗永浩。
○ 我希望能和他合作做点什么。
○ 牛博网是罗永浩创建的一个博客平台，邀请了很多知识分子在上面写博客，内容质量很高。
○ 我发现牛博网上有很多作者转载或推荐译言网的文章，从而找到了合作的结合点。
○ 后台数据也证实，双方用户调性很匹配。
○ 我向罗永浩提出合作方案：译言网的内容在牛博网输出，并保证输出内容的质量，获得品牌曝光度和流量的同时，译言网也会为老罗英语培训做推荐，帮助他在学校起步的时候扩大宣传。

我一直在努力思考我能为对方提供什么价值。后来我们的合作也一直很顺利。

## 越成功，越需要被当作普通人对待

很多人都希望能与自己的偶像有一些互动。可能是你关注了他的微博，他有一天突然给你点赞、评论回复，甚至转发了你的消息，这都是莫大的激励。我读到的与自己偶像互动最有趣的故事，出自海王的饰演者杰森·莫玛。当他还是一个 8 岁的小男孩时，他在电视上看到了 20 岁的模特莉莎·博内特，然后他对妈妈说："我长大后一定要娶她。"

2005 年，杰森与莉莎在一家爵士乐酒吧通过共同朋友介绍认识，虽然见到莉莎的时候，杰森非常兴奋，但他没有像一般粉丝对待偶像那样，而是把莉莎当作一个普通人那样对待。随后他们开始交往，正式开始了这段缘分。2017 年时，双方正式完婚。等有了第一个孩子之后，他才告诉妻子说，自己从小一直是她的铁粉。现在他们育有一儿一女，生活幸福。而杰森·莫玛因为出演《权力的游戏》中"马王"一角后，又出演 DC 漫画公司的超级英雄片《海王》，一举成为好莱坞的当红明星。

"海王"与他妻子交往的经历，给了我们一个启示：要想被偶像关注，首先要学会把偶像当普通人一样看待。

越是世俗标准中的成功人士，其实越想被当作普通人一样看待。在 2017 年年初的《奇葩大会》上，马东曾对高晓松、何炅和蔡康永有过很精准的评价："我喜欢高晓松，是因为他身上有一种无缘无故的牛劲儿，他的学识、见识促成这样；我喜欢何老师，是因为他情商特别高，那种周到和八面来风尽在掌控的气场。"而他对蔡康永说的是，"我喜欢你是因为你除了兼具这两点之外，更重要的是你有一颗特别恶毒的心。你胸口有一只特别恶毒的眼睛去看这个世界，你问问题如同温柔一刀，那个恶毒的点让我特别佩服。"

很少有人会用"恶毒"二字来评价蔡康永。蔡康永让人如坐春风，怎么会恶毒？这正是蔡康永恶毒的地方。他如果不认同你，就躲在旁边偷偷地笑，他不戳穿你，就远远看着你；如果认同你，他会拍手叫好，送上真诚的赞美。

早年蔡康永在宝岛台湾做一档节目——《真情指数》，有一期访谈嘉宾是成龙，问过一句之后，成龙号啕大哭，蔡康永递上纸巾，成龙没要。对着镜头，成龙大哥哭了 15 分钟。

蔡康永问哭成龙大哥的这个问题很简单：“拍电影累不累啊？”

一个荧幕硬汉，从小习武，别人不会想到去问他累不累的问题。大家的潜意识里会觉得，成龙这么能打，这么能拼，都是“应该”的。而蔡康永却没把他当大明星或“大哥”，只把他当一个普通人来问：“做那么多高难度动作，那么拼命，你会不会累啊？”

如果看到周围的朋友连续加班，你可能会问一句：“最近工作那么忙，你累不累？”你的朋友需要关怀，成龙大哥自然也需要。

2001 年，蔡康永访问吴宗宪时，也把吴宗宪问哭了。当年吴宗宪如日中天，是当时台湾最火的主持人。这是吴宗宪唯一一次对着镜头落泪。

马东对蔡康永评价的“恶毒”，这二字可以拆开来解读。“恶”是所谓的“角度”，“毒”是所谓的“精准”，角度够刁钻，一击即中。当年的成龙和吴宗宪，都是当红的人物，而蔡康永还没开始主持《康熙来了》，他的“咖位”远不及成龙与吴宗宪。可是他并没有摆出一副崇拜者的姿态，而是把对方当作和自己、和身边的普通人一样去对待，问每个普通人会有的喜怒哀乐。

我有一位同事清风，毕业不到一年就负责我们训练营的运营工作，每天在社群里出现的时候都在讨论工作。有一次，她在群里表示自己最近压力有点大、很辛苦，结果，群里好几位用户不理解："你刚刚毕业就获得那么高的认可，做出了这么好的成绩，你怎么会累？"

看到用户那么说，她立刻觉得心情更不好了。在很多人的眼里，她是那个成绩斐然、工作获得认可的人，他们觉得她怎么可能会有烦恼。他们忽略了优秀的人也是普通人。

## 提前下功夫做功课

2016 年 9 月，李笑来老师邀请我和几位朋友一起吃饭，大家都非常开心。笑来老师有一个习惯，请人吃烤肉时喜欢烤给别人吃。他的助理小乔也在，小乔显得非常活泼，很开心。

他说招聘小乔进公司的时候，一个主要原因就是小乔爱笑，特别容易开心，他说和这样的人共事也会开心。

然后我问他："笑来老师，你知道小乔是怎么投的简历吗？"

笑来老师说："不知道，她怎么投的？"

我说："2015 年，阿博通过'在行'约我，见完之后我送了他一本《把时间当作朋友》。他看了之后觉得很好，于是就把这本书送给了他女朋友小乔。今年（2016 年）年初，他们来北京，阿博把小乔的简历发给我，问我能不能帮忙递给你。后来，好在她自己也把简历投给了你。"

笑来老师听了哈哈大笑，又要了两盘牛肉，继续给大家烤肉。

其实我从来没告诉过他，有一段时间我只要见一位学员，就会送他一本《把时间当作朋友》。而这一个小动作，促成了一段很好的缘分。笑来老师招到了令他满意的助理，小乔找到了喜欢的工作，而我蹭了一顿很好吃的“李师傅烤肉”。

2016年，我在笑来老师的“一块听听”平台开设写作课。他的公众号为我带来了10 000多名付费学员，我的文章也成为他的公众号上最受欢迎的文章之一。

以前我去拜访别人或者见客户之前，特别恐惧别人问出我不懂的问题，觉得这样会显得我很无知，特别尴尬。所以在见面之前我会做大量的功课和背景调查。就像我在早期写专栏时一样：每周为了写好一篇1 000多字的专栏文章，我每天会花6小时阅读与这一话题相关的背景资料，包括观点、评论、报告、各个维度的事实，全都会搜罗一遍。

在《见字如面》节目组参与筹备《一生之书》这个栏目时，《失控》的讨论会之前我花了一周时间又通读了一遍这本700页的大部头，在网上看了许多关于这本书的解读，还给《失控》在中国的出版人赵嘉敏打了一个电话，了解了他对《失控》的理解和看法。

第一场讨论会进行了三小时，第二天我收到节目组的消息：

> 师老师，我们组内讨论了一下，希望您来担任《失控》主策划人。

《失控》是一本大部头，对于很多人来说阅读和理解的难度较大。所以这本书在第一季节目中被撤掉。虽然被撤，但我并不觉得自己的时间白费了，对于自己而言，时隔多年又重新熟悉了这本书。而在对待合作上，我也做到了尽心尽力。

2017 年，“三节课”创始人约我聊一个合作项目，那一段时间我们每个月都会见一次面。为了深入了解他这个人，并且能在沟通中能达到一定的交流深度，我读了他写的《产品的视角》，从中获得了很大的启发。后来，我有一个发现：很多作者会把自己内心最真实的想法，写在自己的文章和书里。在面对面打交道的时候，这些思考反而不一定会表达出来。一来，平时与人见面，交谈双方会有特定的目的和议题，大家会基于具体的目的与议题去讨论；二来，只有在比较深入的交流状态中，人们才会逐渐把自己内心深处的想法表露出来。

李笑来因为投资比特币而获得很大收益。当他在媒体上被报道之后，他周围的朋友问他：“这么好的事情你怎么不告诉我，让我也跟着一起赚钱啊？”他听完大笑：“我最开始接触投资比特币时已经把自己对比特币的所有思考全都写了下来，公开发布在网上了啊！”

因为这种提前做足功课的习惯，我发现自己越来越能够透过文字触碰到别人的精神世界。现在我读书时似乎总能通过某几个片段，窥探到作者内心的一些想法，与作者对话，并建立内在的连接。虽然这些作者我都没见过，也没有和他们聊过天。

我有一位朋友叫浩之，他特别擅长做图解，我给他取了个外号“图解小哥哥”。浩之也有提前做功课的习惯，而且做得更极致。在见一个陌生人之前，他会列出若干个可能被问到的问题，然后列出这些问题的答案。他给自己立的标准是：至少能回答出 5 个问题。他说，虽然别人一般不会问那么多，能充分准备五个以上，就能保证自己不会被问倒。

# 精进：从成为群体里最差的人开始

上大学的时候，曾看到一句对我影响很深的话：你的环境决定了你是一个什么样的人。自此以后，我刻意给自己打造了一个知识密度高的环境——英文特别差的我强迫自己处在一个满是英文内容的环境。

我的做法是，开始去译言网翻译文章，把自己浸泡在《纽约时报》《纽约客》等媒体提供的语言环境之中。

再后来，我开始在社交平台上订阅英文科技新闻和评论，订阅了100多家媒体，每天花6~8小时在阅读上面。当时我的英语水平刚过大学英语四级，后来我的专栏文章主要得益于这段时间大量的信息输入。当时我每周写一篇1 000多字的科技专栏文章，为此投入的阅读时间每周超过40小时。虽然我没有受到过专业的媒体写作训练，但是我回想起来，发现这段经历让我在资料搜集的扎实度、资料引用的严谨度，以及逻辑思维的训练上，都打下了非常扎实的底子。

姜文是我特别喜欢的导演和演员，他拍电影时非常注意细节的把握。比如在《邪不压正》片尾有一个镜头，一群日本兵进城。他找了一群十三四岁的男孩去演这个情节，他说因为现在的人个头普遍比那时候的人要高，如果让成年人去演，个头会比抗日战争时期的日本兵高很多，效果不真实。

这是一个全景镜头，不仔细看的话普通观众根本看不出来，但姜文对此非常在意。他说："你去看当年的照片，就是这个样子。在电影里也要做成这个样子。"

在拍摄处女作《阳光灿烂的日子》时，姜文把演员们送到京郊良乡的一个部队汽车团，切断一切对外联系。让他们看那个时代的报纸，每天听革命歌曲，看苏联的老电影，给他们看当年的黑白照片，把当年的老顽主找来和他们聊天，请杂技团的老师教大家骑自行车。

此外，姜文还让所有演员围坐成一圈，一遍一遍地读剧本。这一招是姜文从谢晋导演那里学来的。姜文拍《芙蓉镇》之前，谢晋就组织剧组演员读了大半年的剧本，还让他们下乡体验。

谢晋和姜文的这种做法，就是让所有演员沉浸在电影里那个年代的氛围中。我管这叫浸泡式成长。把你扔到一个相应的环境里，你自然就泡熟了。多年后再回想自己那一段阅读经历，我非常庆幸曾把自己浸泡在优质的英语阅读环境中。

我们现在越来越注意自己吃进去的食物里是否有地沟油、是否有添加剂，以及卡路里摄取量是否太高，可是我们对大脑"吃进去的食物"是否也有足够的关注？买新鲜和顶级的食材，需要更好的物质条件；而阅读顶级的精神食材，却不一定需要付出太昂贵的代价。环境决定了你的高度。从现在起，为自己营造一个高质量的信息环境。

## 努力成为你圈子里最差的人

美国杰出的商业哲学家吉姆 · 罗恩曾经提出著名的“密友五次元理论”——与你亲密交往的 5 个朋友，你的财富和智慧就是他们的平均值。在财富上的具体表述是：你的收入是身边交往最多的 5 个人收入的平均值。雅虎的前CSO（首席战略官）提姆 · 桑德也说过：“你的社交圈就是你的净值。”如果你能交往到比自己厉害的人，你的价值也会得到升值。

2019 年 3 月，我去深圳办线下私房课期间约见了“鲸打卡”创始人，“鲸打卡”是行业里成长非常迅猛的一家公司。不到两年时间，它便获得了多家知名投资机构的数千万元融资。我问他：你为什么要融资，为什么选择目前的这些投资机构?

他思考了一下，回答说：“因为‘鲸打卡’这款工具是用来给学生写作打卡用的。我们的客户来自教育行业，但我不是做教育行业出身，所以我选择投资方的一个原则是，看这些投资方是否投资过足够多体量足够大的教育公司。目前我们的投资方所投资的教育公司有几百家，其中不少是细分领域里数一数二的公司。”

“另外，”他接着说，“我平时喜欢跑步，一个人跑不一定能坚持得下来，但是如果跟着一群人跑，不知不觉就跑完了，甚至还能跟上他们的速度。在投资方的CEO（首席执行官）群里大部分是B轮、C轮甚至更后期的公司创始人，而我是A轮的公司。在这个群体里，我是‘最差’的。在这样的群里当一个‘最差’的CEO，我感觉特别好。”

听完他的回答，我觉得他特别有智慧——努力成为这个圈子里最差的人。在这样的环境下，你很容易逐渐变得越来越好。每往前一步，都是超出期待的。

这让我想起来自己的成长经历。在我的中学同学圈里，我们一群经常一起玩的同学中没有一个考上大学。我在初二的时候离开了老家，去湘潭上中学。刚去时我的成绩在最后梯队，后来逐渐到了中间水平。高中时我进了省级重点中学。我的成绩时而靠后，时而在中间。虽然高考时我的分数并没有上本科线，但已经是老家朋友们中最高的了。我复读了一年，高考分数超出了本科线 20 多分。虽然成绩不算好，但总算跟了上来。

我老家所在的县城是国家级贫困县，信息和交通都非常闭塞。我小时候坐车去离家最近的一个城市需要花 6~7 小时，而且要走很长一段石子路、泥巴路，再加上盘山公路，左拐右拐，坐一趟车下来，整个人被颠得魂都要没了。再加上 20 世纪 90 年代后期深受港片影响，当地的青春期男生时不时就到街上打架，学习的环境和氛围就更差了。复读的时候，高考前半个月我的同桌出去打架，右手被砍伤了筋，几乎无法握笔，只好放弃那一年的高考。

上大学之后，我开始通过互联网，通过译言网接触国外的媒体资源，我才开始有意识地为自己打造专属的信息环境。而在十几年后的今天，我通过创业有意识地搭建自己的人脉环境。比如在“师北宸写作训练营”里，我们的课程和任务每一期都一样，但是很多同学连续报三期、十期。因为这里的社群环境，让很多人很想在这里待着。在这个环境里不知不觉就能结识更多更优秀的人，获得更好的成长，这也让他们有更大的动力在这里持续成长，并且帮助别人成长。

不断努力成为一个更高层次的群体里最差的人，这样你就会不停地成长。在互联网、社交网络以及在线社群发展如此迅速的今天，我们有更便捷的方式为自己打造一个让自己可以“浸泡”在牛人圈的环境，像他们一样思考和行动，慢慢地，你就是这些牛人中的一员。

**找一个优秀的人，帮助他人，也成就自己**

《别独自用餐》的作者法拉奇提到过一个故事，他小时候曾给当地一位有名望的富商勃兰特夫人当球童。他事无巨细，尽量把服务做到周全。比如，他会在勃兰特夫人打球的前一天早上沿着球场走一遍，查看定位点的位置，试验每一个坡度的球速及方向，尽全力帮助勃兰特夫人赢得每一场比赛。勃兰特夫人忍不住在朋友面前夸奖他，很快，勃兰特夫人的朋友也开始邀请他做球童。

在接下来的几年，他几乎成为勃兰特家族中的一员，勃兰特夫人为他介绍了几乎所有可以帮助他的人。

后来，法拉奇成了好莱坞知名媒体营销公司Ya Ya Media的CEO，以及《华尔街日报》《哈佛商业评论》等多家媒体的专栏作家。

在《我不是药神》里出演“黄毛”，以及在《无名之辈》中出演匪徒的演员章宇，后来参演了一部文艺片《大象席地而坐》，拍这部电影时他只拿了3 000元片酬，电影上映后获得了特别好的口碑。《大象席地而坐》获得了台湾金马奖最佳剧情长片和最佳改编剧本，以及柏林电影节最佳处女作奖特别提及。这几个奖项在电影界的分量举足轻重。为了出演这部戏，章宇推掉了20多个剧本。在这部电影里，他让观众记住了他出演的角色。他的友情出演，也帮助导演成就了这部电影。

《人生定位：特劳特教你营销自己》里有这样一段话：

> 如果你关注自己，你就只有一次机会赢得比赛。如果你开阔眼界，把他人也纳入你的关注之中，那么你的胜算将大大提高。如果能更进一步扩大视野，你将会发现更多的机会，产品、创意、天时地利、公众知名度——这么多的骏马都能帮你赢得比赛。为什么还要把注意力集中在自己身上呢，毕竟单凭自己，你只能有一次获胜的机会。敞开你的胸怀，你就能拥有成千上万的机会去博取成功。

你与你的领导、客户、合作伙伴、朋友，都是这样的关系。努力成就对方，就是成就你自己。

**打造优质朋友圈，珍惜每一个珍惜你的人**

在电影《独自等待》里，一次偶然的机会，男主角陈文认识了刘荣，他们一起吃饭、去游乐场玩耍，一起购物，一起看艺术展，还到刘荣的古董店参观，每一次接触都让陈文非常开心。在每一次的接触中，他都发现，刘荣完全符合他梦中情人的各种条件。陈文觉得自己非常幸运，希望和刘荣的关系能再进一步。

接下来，陈文在每一个细节上试探刘荣，比如饭桌上的悉心照顾，见面时不经意的碰触，用开玩笑来试探，所有这些希望进一步加深双方关系的举动，都被刘荣轻松回避。

后来陈文准备向刘荣表白，扛着一个大录音机，播放动人的情歌，在刘荣剧组的宿舍楼下示爱，结果弄得刘荣很难堪，她指责陈文幼稚。后来陈文找了一个私下的场合正式向刘荣表白，结果刘荣说："我们两人是好朋友，没有必要今天确定，以后可以继续相处。"

这让陈文饱受折磨，他觉得自己失恋了，不停地找自己多年的好友李静倾诉。

后来，经朋友提醒，陈文发现李静珍藏了从高中以来陈文送给她的所有礼物，李静比其他人更关心自己。陈文想当作家，其他人都取笑他，但李静每次都会认真阅读他的作品，并给出建议和鼓励。

在陈文意识到李静是身边真正对自己好的人之后，李静已经决定要去南方工作，陈文虽然努力挽留，但李静还是选择离开。当他意识到李静对他的爱时为时已晚。

在我看来，选择人生伴侣和选择事业伙伴有很多共通之处。当你心心念念地追逐某个人时，如果把焦点转向周围，你会发现更重要的人可能就在你身边。

有一天，我看李笑来老师发了这么一条朋友圈——当年你还不牛的时候珍视你们友谊的人才值得珍视。电影《飞驰人生》中有一句类似的台词："人在顺境中的友谊可能并不那么坚固。"

当你去追逐所谓的牛人的时候，那些一直支持和鼓励你的"普通人"可能反而被怠慢了。很多人对对自己好的人视而不见，甚至认为别人的付出理所应当。而当这个人离开的时候，他们又追悔莫及。

## 分享你的认知盈余

刚毕业不久，我在一位资深媒体人的引荐下和某门户博客频道负责人聊过一次，之后他给了我副主编职位的录用信。当时的我不想去大公司，婉拒了这次机会。

这位引荐我的资深媒体人叫安替，是TED[①]大会的演讲人，曾因在新闻事业中的突出贡献获得哈佛大学尼曼奖学金，还做过《纽约时报》记者。他每天靠翻译《经济学人》学习写作的方法，给了我很大的启发。

安替觉得我有很强的新闻敏感性。我也从没有在媒体行业做过一天新闻工作。但是我每天都会做一件事情——在社交网站上分享有价值的新闻和评论。他关注了我，并经常转发我发布的内容。

我从来没有向他求助过："安替老师能不能帮我推荐一份工作？"但我通过分享认知盈余，获得了一次很好的机会。

分享认知盈余的前提是先将自己在某个细分领域的能力尽可能锤炼到最好。

有一句谚语是这么说的，不要花时间去追一匹马，用追马的时间种草，待到春暖花开时，就会有一群马任你挑选。

在写作私教课上，我会询问每一位来咨询的学员："你的兴趣点在哪里？你擅长什么？你要成为你所在领域的专家，并通过写作分享出来。"

刚毕业的几年里，我没有在媒体行业工作过，但我非常喜欢科技和

① Technology（技术），Entertainment（娱乐）和Design（设计）的首字母缩写，一家以"传播一切值得传播的创意"为宗旨的私有非营利性机构。——编者注

媒体内容，我每周都阅读大量国内外的优质媒体报道，不知不觉，就处于信息上游。

当时，我每年要花几百美元去订阅一家专业媒体BII（商业内幕情报，商业内幕旗下的市场研究机构）的数据报告，每个月，BII都会发布多份不同话题的数据报告，比如《2013年移动互联网趋势报告》《移动电商》等，通过数据分析，报告对前言趋势有非常客观的分析、洞察和判断。这些专业数据报告让我的专栏文章的内容更加扎实，更有洞见。

分享是互联网时代精神的体现。过去，人们在电视机前消费闲暇时间，而现在，人们可以通过互联网进行分享和创造。如果人们能将更多的时间用于创造，而不是消费，这将为社会带来巨大的财富和价值。

互联网发展最重要的意义是，你可以突破时间和地域的限制，更便捷地与别人沟通与协作，你的业余时间，也可以被组织起来构建出专业的产品。维基百科、Linux（类UNIX操作系统）等，都是一群非专业人士不计报酬，利用自己业余时间所完成的大工程。这样的行为模式被称为“认知盈余”。

在互联网时代，生产门槛急速降低，你可以轻易地从一名消费者转变为创造者。比如：

○ 过去，视频制作是门槛极高的工作，需要专业的设备和技术；但是今天，用手机就可以拍摄、制作短视频，上传到视频平台，甚至成为网红（“网络红人”的简称）。
○ 过去，写作是一项门槛很高的工作，尤其是写完之后，如何让更多人看到你的文章；但是现在，你可以很轻易地开通一个微信公众号，花几分钟时间，就可以把你写的文章发表出去。

○ 过去，要想听课，你必须得在课堂里听老师讲课；现在，因为网速足够快、手机支付工具足够便捷，多媒体呈现效果逐渐完善，大家可以通过网络在线上听课，与此同时，每一位学员都有可能参与到课程制作之中。你的作业、留言、反馈，都有可能被引用到课程内容之中，每一位学员在某种程度上都成为生产者。

如果彻底释放大家的认知盈余，能产生多大价值？

我刚毕业时加入的译言网，就是一个典型的用户通过自己的认知盈余建立起来的网站。译言网最开始只有三四名编辑，但是每天有150篇译稿发布：编辑的职责并不是翻译文章发表出去，更重要的是创建规则、维护规则，引导社区良性互动，并提供一定的激励机制来鼓励优质内容生产者参与内容翻译。

国内影响力巨大的科技媒体“36氪”最早就诞生于译言网的一个小组，这个小组的前身叫“TechCrunch中文站”，TechCrunch是国外的一家知名科技媒体，当时TechCrunch中文站的核心成员每天翻译TechCrunch上面的文章，不仅积累了一批忠实的读者，也吸引了一批优秀的译者。后来TechCrunch中文站单独建立了一个网站，再后来他们开始融资，并改名为36氪。

这是发生在身边的认知盈余的例子。这就是所谓“无组织的组织力量”的体现。可以利用业余时间参与一些项目，或者自定义一个项目，持续为别人提供价值，一定会有回报。英语里有一个特别美好的词叫Serendipity（意外的发现），也可以解释为“机会”或“机遇”。很多时候幸运看似偶然，但当幸福来敲门时，你也得在门后面，不是吗？

只有自己足够优秀，才会吸引优秀的人举荐你。而优秀的人认识你、帮助你，也可能是在为他们的未来做投资。你一定要让自己配得上别人的投资。如果你遇到的贵人足够多，那是因为你也是贵人。

就像巴菲特的合伙人查理·芒格所说的：“想要得到某样东西，唯一的办法是使自己配得上它。”

努力把自己打造好，贵人自然出现。

## 读者不需要你完美，而需要你诚实

很多人在写文章时有很多顾虑，担心自己说完某句话被人看不起，担心老讲自己好的地方会让别人觉得自己太骄傲，担心自己写出来的文章没有文采，让别人觉得自己水平不行，担心写了错别字被人嘲笑……

我曾请教阿钰老师，人们在日常沟通中出现的最主要的问题是什么。她回答："沟通前的内耗。在与别人沟通前自己内心七上八下，想吐露心声，却害怕被拒绝或别人被伤害；想讨好对方，自己又不舒服，觉得没有'做自己'。这样的模式，我称之为'沟通一分钟，内耗一小时'。"

我们习以为常的"对错教育"，或者说"标准答案式教育"让我们在做选择、做判断的时候，会习惯性地询问权威人士："老师，我这么做是对的吗？"

当我们获得的答案是对的时候，就会心满意足，觉得这个问题已经被解决了。当我们得到的答案是错时，我们便会自责、愧疚，否定自己，或者把问题扔到一边，选择回避。

在工作上，我们也是如此，老板指派给你任务，等你完成后去向老板交差时，若老板点点头，你觉得"工作搞定了"；若老板皱眉头，你觉得“完蛋了，工作没做好”。在把任务交上去之前，担惊受怕；一旦任务被认可，好像这项任务就完成了。

可是，仅仅是获得认可，事情就解决了吗？有这样一个故事。

很久以前，有个学生的物理学得很好，在一次考试中，有一道题，老师给了他很低的分数，这道题目是“怎样用一个气压计测量建筑物的高度？”

这个学生回答：“去建筑物的顶上，将气压计扔下来并开始计时，听到落地的声音，再通过重力加速度公式计算出建筑物的高度。”

出题者的本意是希望学生利用所学的气压知识计算建筑物的高度，却没有从这个学生的答案中看出来他懂得气压知识，所以老师没有给高分。

这个学生找到老师，对低分表示抗议。老师说，只要他能再想出不同的办法来解决这个问题，就给他高分。

这个学生稍稍思考就回答：“可以用气压计敲开建筑物主人的门，直接问他。”

老师沉默了一会，问：“你还有其他办法吗？”学生说还有很多，比如用一根长线绑着气压计从楼顶垂到地面，通过线的长度测量建筑物高度；或者把线当作钟摆，通过钟摆的运动来计算建筑物的高度，等等。

最终老师决定给这个学生满分。故事中的学生就是年轻的尼尔斯·玻尔，后来他成了著名的物理学家，因为发现了原子中的电子而闻名于世。

玻尔不仅知道怎样得到答案，而且对问题的思考更为全面，他可以通过更多角度看待问题，想出多种答案。

在这个世界中，我们面对的任何一个问题，解决的方法往往不局限于一种。

如果让你写产品宣传文案，老板说："不错，把它放到产品宣传手册里去。"可消费者读完却对产品产生了错误的理解，这时候你会做什么选择？是视而不见，还是询问一下消费者究竟哪里不理解，然后改到能让消费者理解为止？

在这个情境里，你面临着"标准答案"与现实反馈的冲突。"老板说可以就可以啦，为什么要给自己增添烦恼？我的工作已经很忙啦，而且这是老板点头说可以的，我不用为此承担责任，他说了可以之后，这个文案的好坏，应该由他来承担责任。"

我并不想深入讨论责任的问题，这是一个更为复杂的命题，尽管它也非常重要，且值得深入讨论。我想在这里和你分享的是：所谓的犯错不一定是真错，更可能是一个信号。

在和我的合伙人高洁一起创业之前，她在插坐学院负责 2 万多人的学员社群的运营，我的职场写作课的社群也是由她负责创建和运营的。当时我问了她一个问题：为什么有些人不愿意在群里发言？

高洁说，据她观察，有这样两种情况：

- 知道很多道理，但是几乎没有通过自己践行得出来的，觉得没有什么可分享的，或者不敢分享。
- 懂专业知识，但看到群内大咖分享，觉得自己和大咖相差甚远。比如大咖讲了一套战略或者思维框架，有些人感觉自己的观点浅显可见，说了也没有那么大价值。

这两种情况可以用一个词来概括，就是怯场。

一个小小的社群，在某种程度上也是“公众场合”，相比于线下活动，在线社群的好处是你没有完全暴露在别人面前，你可以藏着，这样就“不会露怯”。而关于怯场这个词，喜剧演员宋飞曾说，有些人宁愿躺在棺材里，也不愿意在葬礼上对着所有人念悼词。这样的说法比较夸张，但也足够说明怯场对很多人来说是一件很难跨过去的坎儿。

当我们需要在公共场合吸引别人的注意，或是尽可能吸引所有团队成员的注意的时候，可能会怯场。

乍一看，犯错似乎是很严重的事。可是，如果善加利用，你还有机会扭转局面。它的前提是，你要接纳自己的“错误”“缺点”“劣势”。此外，你还要有独立思考和判断的能力与勇气，这意味着不要盲信或迷信权威，而要选择倾听自己内心的声音。

我和别人提到自己曾经在译言网翻译过很多文章时，别人常常会说：“那你英文一定很好啦！”我说：“不是不是，正是因为英文不好，所以要多翻译。”在公众面前表达是一件很困难的事。如何应对？硬着头皮，更多地表达，用脱敏疗法来对抗它。

不要害怕犯错，该掉进去的坑，迟早都会掉进去，不如早一点掉进去。

这一年多以来，我为自己的写作课写过十多个宣传文案，其中一稿改了十几版，好几次完全推翻重来。我会把文章发给 20 多个朋友和目标用户，让他们告诉我哪一句让他们眼前一亮，受到启发，哪一句让他们觉得无聊、没劲。一篇将近5 000字的稿子，是在别人挑出来各种“错误”之后，才逐渐完善的。

《西游·降魔篇》正片中一段黄渤和舒淇一起跳舞的镜头，那其实是黄渤和舒淇在片场跳舞跳嗨了。导演周星驰却觉得那一段很出彩，没有喊停，反而收录下来，放在了正片里。《西游·降魔篇》我看了好几遍，每次看到那一段都觉得很有意思。你在写文章时可能会偏题，或者写错字。偏题就偏题吧，错了就错了吧，也许读者能读到的你是一个鲜活的人。

## 初学者的优势

娜塔莉·波特曼是一名童星出身的演员，13岁时就出演了《这个杀手不太冷》，之后凭《黑天鹅》获得了奥斯卡最佳女主角奖。1999年，她考入哈佛大学心理学系。刚到哈佛大学的时候，她承受着巨大压力。但是很快，她找到了自己的优势：

> 你不会拘泥于特定专业的思维定式，你会问别人以前没有问过的问题，并用别人想不到的方法来解决问题。

初学者的优势是，没有条条框框的束缚，他们会问一些在内行看来不是问题的问题，而这恰恰是更多人关心的问题。我在见写作课学员的时候，最好奇的是大家会提出什么样的问题，大家听完我的课有什么感受。我以一个初学者的方式去思考这门课程，才能真正解决一些更多人认为重要，而不只是我认为重要的问题。

“微信之父”张小龙对产品经理有 3 个“1”的要求，这 3 个“1”分别是：

○ 1 000：每个月要在微博、QQ空间等谈论相关话题时，与用户互动 1 000 次，点赞也算；

○ 100：每个月要看 100 篇重要的行业分析文章；

○ 10：每个月要与用户深度互动至少 10 次，最好是深度访谈；

每月坚持完成这 3 个“1”，你就能成为优秀的产品经理。最优秀的产品经理的标志是什么？能立刻切换思维模式，以一位“小白”用户的思维方式和操作习惯去使用产品。

2019 年，米未传媒上线了一档综艺《乐队的夏天》，邀请了国内 31 支乐队参演，大部分乐队的风格都是摇滚。马东是一个摇滚音乐的门外汉，而他却要负责主持这一档专业性极强的节目。他的同事、这档节目的制作人牟頔要求他“节目录制之前，不要跟这些乐队接触，也不要听他们的音乐。你要以一个完全‘小白’的状态出场。”

初学者提出的问题可能恰恰是专家所需要的，甚至能迅速激发别人的好奇心、探索欲。利用好自己的初学者优势，你就能出奇制胜。

## 真实，让你在写作中披荆斩棘

在写作训练营里有一位组长叫燕子，她负责运营的小组有着非常优秀的成绩：学员交作业率达到 100%。为了让你意识到这个数据有多么厉害，我列举几个行业平均数字：一门课程有 30 节，最后一节课程的平均收听率是 15%。听完还愿意写一写评论、记一记笔记的呢？ 15% 里的 10%，也就是 1.5%，即每 100 个学员里只有 1~2 个人。

燕子负责的小组交作业率达 100%。要知道，我们的作业不是一两句话打卡，也不是一两段话，而是要写上千字的文章。21 天的写作课，一共要交 9 篇作业。

大家都很好奇她是怎么做到的？

她说："我从来不催同学们交作业，我只关心他们的感受。"

为了让学员交作业，很多人采取的方式是，每天提醒好几次："亲，记得交作业哦""同学，明天之前交作业会获得助教点评哦""同学，你报了课，别浪费钱，一定要写作业哈"……

当一个人决定学习的时候，他是做好了准备来学习的。当他不听课、不写作业时，也一定有原因：要么工作太忙了，没顾得上；要么家里有紧急的事情需要去处理；要么在课程上又碰到了困难，没有得到解决；要么就是犯懒了，不想写……

无论是何种原因，他内心一定是想学习、想成长、想提高的。有一位组长碰到一位学员没有交作业，去问对方："后台还没有看到你的打卡记录呢？"

学员说："谢谢组长！可能报的课程时间不对（已经报了申退不了），群里发的内容我都会看，但是家里有事恐怕不能即时完成任务，再次感谢。"

她回复："呃……不要呀！可以先完成……对了，你现在有重叠课程（同时在上的课程）吗？

学员说："没有啊，这是头一次报名。"

她回复："明天找你聊。"

第二天下午，这位组长给学员发微信："我来敲门了。"

对方没有回复。

再过了一天，她又给学员发微信："《我们为什么要上学》演讲视频链接需要吗？"紧接着，她收到微信官方的提醒："对方开启了朋友验证，你还不是他（她）朋友，请先发送朋友验证请求，对方验证通过后，才能聊天。"

她被对方拉黑了。

过后，她把这件事发到运营群里讨论，燕子看到后，跟她说："如果她说家里有事，就相信她家里有事，让她处理好家里的事情。先关心人家的感受，不要总盯着作业。"

她们的这段对话给我带来强烈的启示：当对方在讲述自己的状况时，你相信就好了。当你只盯着作业的时候，你会搞砸；当你不盯着作业的时候，你却能把这件事情做到最好。交作业是目标，关键动作是感受和信任。如果你把催作业当作关键动作，事情很容易搞砸。

后来燕子分享了她的一段体悟。在征得她的同意后，我把她的体悟放在这里：

> 用户不需要你完美，他们需要你诚实。
>
> 读到这句话很有感触。很多时候我们跟用户或者陌生人打交道时，会有意无意地掩饰自己不完美的一面。
>
> 比如我，之前很担心人家因为我初中学历嫌弃我没文化，一开始尽可能不说话，不得不说时就会到处问、查资料，确保自己不出丑，自以为完美，其实经常出丑。最后我发现只有自己在乎这些所谓的完美，对方一点都不在乎。他们只在乎跟你相处是不是安心舒服，你若不真诚，别人是能感受到的。
>
> 从表面上看，对别人诚实是为别人好，其实是在为自己增加底气。虚假的话说多了容易底气不足 。
>
> 当我大大方方跟人家说我没什么文化，这个我不懂那个我也不懂时，我发现大家都非常友善，都能包容我的不懂。我也觉得自己更有底气去做更多自己擅长的事。

我们为什么不敢诚实？害怕别人看不起、看不上自己。害怕被别人看不上其实更多是一种不信任。

如果你不相信你的读者会理解你、体谅你，并且一直与你站在一起，那么你在写作时很容易把真实的自己包裹起来，掩盖在厚厚的伪装下。如果你觉得读者不可信任，那么你很难要求他们以信任回馈你。

记住，读者不需要你完美，他们需要你诚实。

## 你的缺陷也是你的武器

在美剧《权力的游戏》中，有一个著名的角色叫提利昂·兰尼斯特，外号“小恶魔”，他是一个侏儒，身高只有135厘米，他的母亲因为生下他而死，而侏儒也被视为不详的怪胎。兰尼斯特家族是贵族，他的姐姐是王后，他的哥哥在15岁时就加入了先王的御林铁卫队伍，是御林铁卫中最年轻的成员，也是最知名的骑士。“小恶魔”的父亲爱他的姐姐和哥哥，对他却极为嫌弃，总是找他的茬，甚至找各种机会处死他，所以他也没有继承权。

剧中的男主角琼恩·斯诺，他的身份是私生子。其家族招待国王时他的兄弟姐妹都在宴会上招待达官贵人，而他只能在门外用刀砍木头人发泄自己的愤怒。即使是仆人也可以出入宴会，他却因私生子的身份而不能与国王和贵族们待在一起。

侏儒和私生子，是“小恶魔”和琼恩·斯诺身上的缺陷，这样的缺陷，从他们出生的那一刻开始就在他们身上，无法矫正。

剧中，“小恶魔”对琼恩·斯诺说了一句话：“永远不要忘记自己的身份，因为这个世界不会忘记。用它来武装自己，就没有人可以用它来伤害你。”

卡尔·罗杰斯是人本主义心理学家代表人物，他曾用这样一段话，谈论自己如何写作：

当我开始写作时，我不太能跟自己贴得太亲近。很容易因为写一些容易获得赞同、受同事欢迎，或者比较流行的主张而分心。我怎样才能听从于自己正想说、想写的呢？其实，这是一件困难的事情。很多时候我甚至很有技巧地让自己听从内心的想法。我会告诉自己，我写书不是为了出版，只是为了自己得到满足。

我会在一些废纸上写东西，这样就不会责怪自己浪费纸。我粗略地卸下自己脑袋中的想法和感觉，很杂乱地写，没有成任何连贯和组织。这样，我就能更接近真实的自己，接近自己的感受和想法。在这个基础上写下来的东西，我从来没有感到愧疚，而且经常拿出来与其他人深入讨论。当我感觉与自己很紧密、与自己深藏在表面下的情感和感觉很亲密时，我会非常高兴。

你不一定是专业的写作者，但你可能也在发朋友圈、发微博的时候有过“很容易因为写一些容易获得赞同、受同事欢迎，或者比较流行的主张而分心”的经历。

有不少专业的文字工作者来到写作训练营，包括经常为企业撰写新闻稿的总裁助理、新媒体编辑还有广告文案人员，他们往往对这两句话极有共鸣：“粗略地卸下自己脑袋中的想法和感觉，很杂乱地写，没有成任何连贯和组织。这样，我就能更接近真实的自己，接近自己的感受和想法。”

有一位从小喜欢写作的同学告诉我，我的写作训练营让她“重新建立了与文字的连接，对文字更加信任了”。这样的感受，其实就是通过文字“与自己深藏在表面下的情感和感觉”变得更亲密。

老师不是告诉你如何成功的人，而是告诉你，他有自己的局限，并让你产生自己有可能超越老师的信心的人。

梁冬曾说过：

> 老师分为两种，一种是你隔着课堂（或者App），作为消费者去买他的知识；另外一种是你天天跟他生活在一起，他被自己老婆折磨、被笨蛋儿子折磨、被不靠谱的父母折磨，然后狼狈地把落荒而逃的样子真实展现给你看的人。如果你能够有幸见到一位你以前认为很了不起的大人物窘迫的样子，你就会生出一种“原来他也就这样，我可以超越他，直接向他的源头学习”的信心，这就是大宗师。

只有初中学历的燕子是大宗师，极度真实的卡尔·罗杰斯是大宗师，《权力的游戏》中令父亲厌恶嫌弃的“小恶魔”，也是名副其实的大宗师。你的缺陷能否成为你的武器，就看你如何使用。

## 真实是最大的自信

虽然我从事的工作包含了讲课，我也通过讲课收获了一些好评和一些同学的支持和喜爱，可我对此其实并不擅长。我的性格非常腼腆、内向，不喜欢人多的场合，对气场非常敏感。这样几个特性导致我在讲课的时候非常容易紧张。有一次去一家企业做内部培训，我一直在冒汗，讲完之后同事问我：“你是不是紧张？”我问为什么，她说：“因为台下的人看到你衬衫湿了一片。”

我觉得特别尴尬，事后每每想到，都觉得非常不好意思。在很长一段时间内，其实我是很容易紧张的，但在当时我更专注于讲课，而忽略了这样的痛苦和尴尬。“既然不知道自己在现场如此尴尬，那也就不必为此而担忧了。”

此外，我的讲课风格和很多培训师不同。很多培训师富有饱满的热情，讲话语速很快，善于使用调侃幽默的手段活跃气氛以及调动现场听众的情绪。我讲话速度偏慢，能启发引导现场听众去思考；有时候又太注重逻辑和理性，早期的风格甚至偏向一层一层的逻辑推理，别说听半天、听一天，可能 10 分钟以后就会觉得无趣。

那要如何避免尴尬呢？我的答案是，去面对它。

在最近的私房课中，我这么做的自我介绍：

> 我是一个极其内向、敏感、害羞、紧张、慢热而又不擅长社交的人，我曾经在一场两个小时的企业内训中，花了一个半小时才进入状态；我们这一次一共有两天，我争取只需要花一天就能进入状态。另外，我讲课的语速不会很快，很多地方是启发性的，太快的话思考的空间就少了。你如果喜欢那种特别

有激情的课堂，可能会觉得这节课让你有一些不适，还请多多担待。

在此之前，我的自我介绍很常规，它是这个样子（见图 2–1）：

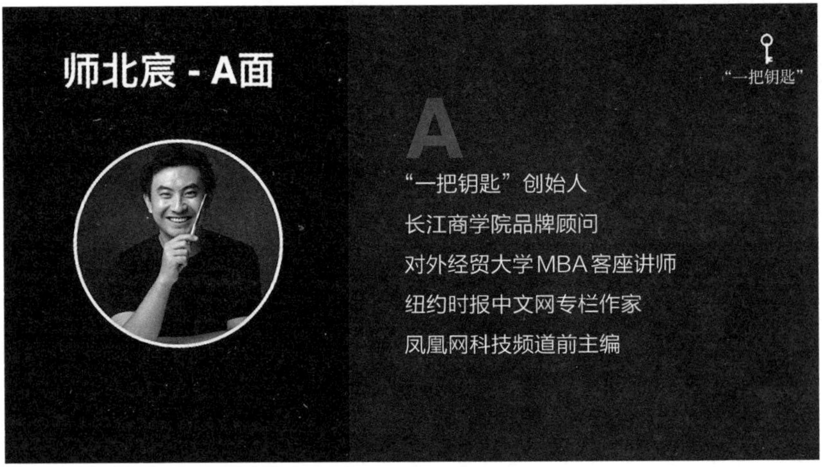


图 2–1　自我介绍的A面

后来，我又写了一个"B面"（见图 2–2）。

这一个"B面"的自我介绍引起了很多人的好奇，他们开始思考："我是不是也应该有一个关于自己'B面'的自我介绍？每个人都有不同的侧面，我是不是也要把不同的侧面找出来？"

在认识和接纳了真实的自己之后，尴尬和紧张反而都化解了。

卡尔·罗杰斯对教育有自己独到的看法，在读他的教育观的时候，我摘录了一些要点：

图 2-2 自我介绍的B面

我的经验就是我无法教他人如何去教。我认为从长远来说，这一企图是徒劳的。

对我而言，能够教给他人的任何东西相对而言都不重要，并且对行为只有微弱的影响，甚至或没有重要影响。

我越来越认识到我只对那些能对行为产生重要影响的学习感兴趣。

这种自我发现的学习，即个人从经验中挖掘并吸取真理，是无法与他人直接交流的。一旦个体想要直接交流这种经验，常常带着一种自然的热情，这就变成了教，而其结果是一无所获。

这些表述，与我日常的观察和体验非常一致，针对这些观点，我写了几段自己的感受，贴在个人的“知识星球”账号中：

虽然刚创业一年多，我其实几个月前就失去了当一位老师的兴趣，我对老师的定义是，得教给学生一整套体系和方法，我对所谓的“体系化”越来越疑惑，体系化越强，对我的束缚越强，现场能教的可能性反而变得越少。

我所感兴趣的只是“分享”“碰撞”“交流”“提问”“回应”。前几天听朋友谈到他对“责任”（responsibility）的看法：责任，即回应的能力，也就是把responsibility这个单词拆分为response（回应）和ability（能力）。这是一个很有趣的解读。

看完之后，一位学员回复我：

北宸老师，您是我见过最率真的老师，会坦言自己对当老师失去兴趣，会以“造成破坏”和“一事无成”来评价自己的教学成果，可您带给我们的价值也是有目共睹的。

当我日复一日做相同的事时，也曾失去兴趣。但日复一日的练习，却让我慢慢养成习惯，在整整4个月的训练中，您的万能写作法深深地影响了我。

虽然离别6个多月，但我越来越发现，万能写作法的思维方式无处不在。正是在你的训练营里，通过写作，我也找到了自己后半生的使命，这样的教学成果，价值是不可限量的。

用万能写作法教写作，对你而言可能是灵光乍现的教学思路，但对我而言，却终身受用。所以，由衷地谢谢你！

在写下“我其实失去了当一位老师的兴趣”时，我是有一些担忧的。因为面向自己的学员说自己不想做老师，就好像一位演员对着导演说自己对演戏失去热情，一位歌手对自己的歌迷说自己不喜欢唱歌一样。

但是我并不是因为个人喜好而失去了兴趣，而是因为发现教别人这件事并没有我想象中那样有效果，甚至可能会起到反作用。然而当你真实地面对和呈现自己内心想法的时候，反而可以获得别人的理解和支持。

# 第三章

## 用一支笔，把自己“卖”出去

把自己推销出去，是你一辈子都在做的事情。“推销”这个词有点扎眼，但想象一下：为了追心爱的女生，你得做哪些事？写情书，送鲜花，陪逛街——她试衣服时不经意问你意见，你还得夸得恰到好处：“这件衣服虽然卖500元，但你穿出了5 000元的效果，把这件衣服提高了几个档次。”

在楼下等电梯，突然碰到老板，左右看了一圈，你发现只有自己和老板两个人。虽然你昨晚只睡了4个小时，手里还拿着从便利店刚买的包子，还是得赶紧微笑：“张总，好巧啊，呵呵……”

还没进电梯，你就开始尴尬了。

可能你早已脱离了每天挤公交地铁、早上只能吃两块五毛钱一个的包子的生活，但依然面对这样的处境：工作十几年，想晋升，但上面的位子还没空出来；想跳槽，自己看得上的岗位有难度，找上门来的机会，你又看不上。哪怕周围的人很认可你，可是想跳出自己的人脉圈，却不是那么容易。

你得开始学习如何跟别人分享自己的专业经验，得学习写几篇文章在行业里发表专业意见，甚至得学习如何向别人介绍自己。不是每个人都能透彻地理解自己的专业或在15秒内讲清楚自己做的事情。

你可能已结婚生子，两个人待习惯了，渐渐有一点疲倦，一方面觉得对方不够上进，另一方面好像也没有像要求对方一样要求自己。最主要的是，当自己要求宝宝做什么的时候，宝宝会问："妈妈（爸爸），为什么你自己做不到，却要我做到啊？"

李安接受鲁豫采访的时候，有一段话很打动我。

鲁豫问："现阶段您最大的幸福感是什么？"

李安回答道："我太太能够对我笑一下，我就放松一点，就感觉很幸福。我做了父亲，做了人家的先生，并不代表说，我就可以很自然地可以得到他们的尊敬，你每天还是要赚来他们的尊敬，这个是让我不懈怠的一个原因。"

即使是李安，回到家里依然要想自己得做点什么，让他的爱人和孩子笑一笑，赢得他们的尊敬。

我喜欢追求定义。现在请你思考一个问题：如果把自己当作一个产品，你会怎么定义它呢？或者换一个角度，如果让你把使用过的所有产品都用一句话去定义，你会怎么定义它们？

在读到这里的时候你可以停下来想一想，也可以直接看下面这个定义。

产品就是一个黑盒子。

黑盒子是什么东西？你可能理解，也可能不太理解。

请再试着想一想你使用的电脑、手机、护肤品，以及你穿的鞋。你或许以为会使用它们就等于了解它们，但是当你深入了解它们的时候，却发现并非如此。

以电脑为例。请问：你觉得哪个浏览器最好用？你的浏览器是电脑预装的，还是自己下载了对比体验过的，抑或是朋友推荐的？

我以前特别喜欢某浏览器的一个插件——用三个快捷键，再点一下鼠标，就能截取整个网页。截图过程还伴有“咔咔咔”的声响，简直是一种享受。

再请问：经常搜索网页的你知道有多少句搜索语法吗？每个月你平均会使用几次高级搜索语法？如果你去百度搜索框，输入这个搜索语法——“关键词 site:shibeichen.com ”，它代表什么意思？你有没有用过“or”或者“and”去搜索过？

读到这里的你，可能不是特别明白。

我举这两个例子，只是想说：你可能对正在使用的产品不够了解。但当你逐渐了解它，你可能会对它着迷。苹果公司每出一款新手机，我都要研究个底朝天；我曾经在浏览器装过几百个插件，只为提升使用体验；为了找到一款最好用最适合自己的写作软件，我花了 1 000 多元。

请注意，我的写作软件、记笔记软件、记事本软件都是单独的。这就好像一个女生可能有十几款不同色号的口红、十几款手链，可以根据心情、衣服以及要见什么人，选用不一样的颜色和款式。

产品是一个黑盒子，每个人也是一个黑盒子。如果把自己想象成一款产品，你是否认真思考过给自己写一份“个人使用说明书”？商场里一个小猪佩奇的玩具都有一张说明书，而你却没有。

你得写一张说明书，让别人知道怎么用你。这句话听起来有点怪怪的，但的确是这样的。

一个好的产品，可以让人在用过后更开心一点。就好像，看世界杯的时候，几瓶冰啤酒和小龙虾让你吃得喝得开心，它们就完成了使命。

李安在奥斯卡颁奖典礼领完“小金人”回到家，第二天早上依然要去菜市场买菜，回来再给太太和孩子做一顿好吃的，尽一个丈夫和父亲的责任，以此赢得太太和孩子的尊重，因为“我太太能够对我笑一下，我就放松一点，就感觉很幸福”。

现在，请你再想一想，所有你喜欢的产品或者愿意花高价去买的产品，甚至有可能买完被你周围的人骂“神经病”“脑残”的产品，是不是让你在买的时候、用的时候特别开心？

情绪价值是无价的。

终其一生，无论是首富、天才电影导演，还是外卖小哥，我们不过都是要尽力过上一段健康、快乐、幸福的人生罢了。能给别人带来微笑，便是我们的终极价值——商业价值，不过是所有价值中的一个而已。

好了，就此打住，再写下去，你会误以为走进了“身心灵”课堂。

我写以上这些话，不过是想传达这么一些信息：

- ○ 你是一个产品，也是一个黑盒子。
- ○ 你这个黑盒子的使命是创造价值，而且你总得做点什么，让这个目的得以实现。
- ○ 除了埋头做点什么，你更得让周围的人知道你能做什么。

如果隔壁商场里的小猪佩奇都有一张说明书，你得给自己写一张说明书吧。写说明书，有一个更“高大上”的名字：打造你的个人品牌。你得打造个人品牌，这样才好把自己推销出去。从这一章开始，我们谈一谈如何给自己写一张说明书。

## 打动读者的“鳄鱼脑”

有一次，我在做线上分享的时候介绍自己说：“大家好，我是师北宸，在领英工作。这家公司特别高大上，你得读个商学院才进得来，比如我的同事A毕业于沃顿商学院，同事B毕业于哈佛商学院，我呢，也是商学院毕业的——天津商学院……”后来一个朋友见我的时候，专门提到了这个细节，她说对这个细节记忆深刻。

还有一次我去参加一场专业活动，一位90后占星师这样介绍自己：“大家好，我是姜熊猫，有三任前男友，分手后我没和他们联系过，但我知道他们的所有事情。”

我听过很多人的自我介绍，这句话我记了好几年。那时候的我算是个“唯科学主义者”，但这句话却激发了我对“占星师”这一职业的强烈好奇心。

你可能正在经历或经历过以下场景：

○ 在团队中做自我介绍的时候，面红耳赤、心跳加速，准备好的稿子忘得精光，30秒说不出一个字来。

○ 参加工作面试，自我介绍时完全说不到重点，啰啰唆唆 5 分钟，面试官也慢慢皱起了眉头。
○ 在比赛时明明自己很占优势，评委却被别人一个很有亮点的介绍，吸引了所有注意力。
○ 第一次见男（女）朋友的家长，你介绍了自己，对方长辈却一脸茫然。

你可能因此很困惑：

○ 为什么我的自我介绍总显得乏味又无聊？
○ 究竟什么样的自我介绍，才能让别人一秒记住自己？
○ 向老板、客户、长辈、朋友，和有好感的异性介绍自己时，怎样表达才能获得主动权？
○ 在不同的场合，什么样的自我介绍才能让自己快速建立优势，成为全场最佳？

可能你已经在一家公司工作很多年，不再需要频繁写简历了。然而自我介绍却是你行走江湖的敲门砖。你准备好随时随地进行自我介绍了吗？或者，你真的好好准备过吗？

一个好的自我介绍，除了能让别人第一时间记住你，还能让你脱颖而出。

在“师北宸写作训练营”里，一位学员的自我介绍是这样的：“女儿今年6月7日、8日上高考考场，6月9日，我上研究生的考场。女儿上大学，我也要继续学习，虽然还有两个月我就满48周岁了。”

几句话就让别人觉得，她非常好学，人到中年也没有停下学习的脚步。

其实，自我介绍本质上是为了突出自己的优势，展现自己的价值，并且和对方建立联系。自我介绍就像一篇文章的标题，或者一句广告文案，抑或脸上的妆容。你留给别人的第一印象在很大程度上定义了别人对你的看法，而自我介绍又决定了你给人留下的第一印象。

有时候，面试官或者客户挑你的毛病，并不完全是因为你能力上有问题，而有可能是因为他感性上不喜欢你，因此他会找很多证据支持自己的判断。但我们却往往误判为，因为客观上（理性上）我们有问题，所以对方不喜欢我们。在我看来，别人是因为不喜欢你，才找各种理由去挑你的毛病。

1976年，研究选举的学者发现：相对于投票前的选民，投票后的选民更倾向于相信他们所支持的候选人会取得胜利。背后的原因很有意思，投了票之后选民就把希望当成胜算，这在学术上被叫作“决策后的认知不协调”。

政治家在选举中会有意识地利用选民的这种认知不协调，先对选民做出承诺，引导选民进行投票。当选民用实际行动表示支持以后，选民会告诉自己：“这个人最能代表我的利益，我希望他当选。”而且这时候选民的热情会更高涨。

在商业上也如此，商家会想尽办法让你在他们的产品上花钱，比如花10元赠20元代金券之类的招数。这种行为让你觉得特别占便宜，实际上商家占了便宜：它以微小的成本赢得了一个客户的信任。

当你给别人留下好的第一印象之后，对方会开始寻找各种证据验证自己的看法。

神经科学家最新的研究发现，人类大脑从三个不同的独立阶段演化而来（见图 3–1）。最新演化出来的是新大脑皮质，新大脑皮质占据最多的位置，负责计划、设计、逻辑、概念与抽象思考，人类与动物最大的区别，就是人类有新大脑皮质的思维能力。

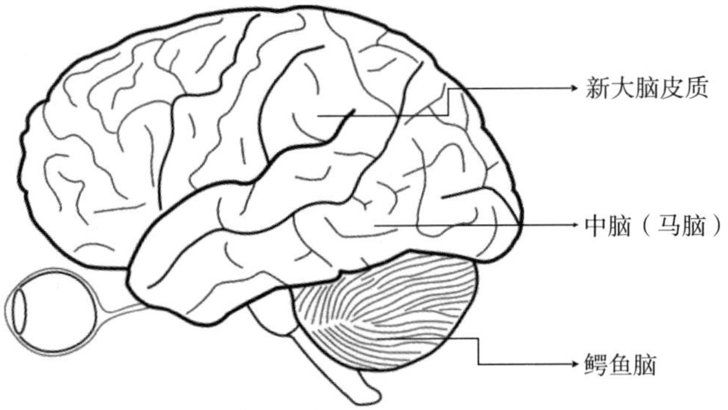


图 3-1 人类大脑三个不同的独立演化阶段

接下来是中脑，又被称为“马脑”。这是哺乳动物的脑子，它的作用是让动物拥有情感与社会关系。马是哺乳动物，哺乳动物大多以群居的方式狩猎、养育后代、躲避天敌。为了生存，哺乳动物彼此结成伙伴，协作互助，自然需要同伴意识、母爱等这些情感，自然而然地产生使伙伴之间亲近交融的感情。自然选择让动物产生了渴望在集体中生活的感情，一旦脱离集体，动物便会感到不安。

我们熟悉的马、羊、牛等，都是群居动物。一方面群居能更好地抵御天敌，另一方面，哺乳动物需要通过群居来抵抗孤独。“马脑”，负责人类的情感交流。

“鳄鱼脑”是最古老的大脑，因为鳄鱼的大脑基本只有脑干。所以它们只能对最简单的感官刺激做出反应：要么进攻，要么逃跑，没事则待着不动。鳄鱼的所有行为都基于本能，没有思维，也没有感情。

人的“鳄鱼脑”有这么几个特点：

- 处理能力非常有限，就像尝试用32K内存时代的电脑去打开一个1M的文档一样，还没打开就死机了。
- 思考范围有限，并且有很强的自我保护意识。
- 把任何“新东西”视为威胁。鳄鱼在碰到威胁的时候会怎么样？逃跑！人的身体虽然不会在聆听的时候跑掉，但是大脑已经跑掉了——拒绝听你继续讲太多新的东西。
- 如果不是新奇的或让人兴奋的事情，无视它。
- 如果不是危险的事情，无视它。
- 当它发现某个事物特别复杂时，会迅速做个总结并抛弃它。

硅谷有一位风险投资人在为他的客户融资时，碰到一个问题。他发现无论怎么推销他的融资方案，客户都不愿意给他投钱。

于是他开始研究人类大脑如何工作。在与一位神经科学家朋友一起研究了10年后，他们发现该提案无法打动客户的一个主要原因是：提案的人在用新大脑皮质思考，提案里充满了各种抽象的概念、术语、逻辑论证、推理，但是绝大部分人在听别人提案的时候并不动用自己的新大脑皮质去听，而是用自己的“鳄鱼脑”去听。用新大脑皮质的语言与“鳄鱼脑”去对话，显然两套对话系统无法匹配，当然行不通！这就像你把Windows的程序装在Mac OS系统电脑上。

如果你去参加一个有很多抽象表述、呈现复杂、一大堆文字、没有图片、没有视频的会议，你很快就会觉得无聊。

在理解了这个原理之后，如何做自我介绍、如何推销你的产品就有了基础：要用“鳄鱼脑”的思维模式与对方沟通，而不要用新大脑皮质。

请你想一想，电影大片都是如何开场的？以国内票房大卖的《战狼2》为例。一开场，一群海盗带着AK47开着快艇来到一艘货运轮船旁边，开枪劫持货物，轮船拉响红色警报，船员纷纷往里面躲。这时候，吴京饰演的冷锋快步跑到甲板前，跳下水，游到快艇旁边，一个人赤手空拳在水下把6个海盗击败并绑了起来。

六分钟的时间内，你的注意力完全被主角水下的身手深深吸引。它没有讲道理，甚至没有台词，你可能在无数大片里看过类似的开头，但你依然会兴致勃勃地看下去。

大脑的运作机制是“生存—社会关系—解决问题”。只有先引发生存上的危机感，才会逐渐上升到社会关系和解决问题的部分。

什么样的信息能打动“鳄鱼脑”？简单、清晰、没有威胁，而最重要的一点是有趣而新奇。要通过这样的方式来打动别人，否则你永远无法吸引他们的注意力。

# 给自己写一张说明书

需要自我介绍的场合非常多，但在做自我介绍的时候，我们经常陷入一些误区。下文我总结了三个常见的误区。

第一个误区，一份自我介绍打天下。一个即将成为你的合作伙伴的人和一个朋友希望了解的你的信息必然不同。用同一个自我介绍这种方式显然不合适。

第二个误区，高度概括型自我介绍。什么叫高度概括型自我介绍？就是你把个人履历做成一个浓缩摘要。举个例子：

> 大家好，我是师北宸，湖南人，电子商务和法学双学位，大学毕业之后我在译言网工作，再之后从事媒体工作，也做过公关工作，现在是“一把钥匙”创始人。

你是不是已经不想听下去了？这种听过之后也记不住的自我介绍，就是高度概括型自我介绍。

第三个误区，个人抒发太多。

我有一个朋友是漫威的资深粉丝，在漫威的所有超级英雄里，他最喜欢美国队长。如果你在电梯里碰到他，他就会一脸花痴相，跟你滔滔不绝地聊他觉得美国队长如何如何帅，而你很可能完全不知道他在讲什么。

这种情况就属于个人抒发太多。每个人在表达时都有特定的语境，也就是文化背景及其所传递出来的氛围和默契。在上面这个例子中，喜欢漫威的人很容易认可这种表达方式；可如果交谈对象是没看过漫威电影的人，可能就很难理解他在表达些什么。

在了解了自我介绍的三个常见误区之后，我来给你讲一讲什么是好的自我介绍。

## 什么是好的自我介绍？

在第四季《奇葩大会》里，有一位参赛选手叫刘楠。刘楠是一家创业公司“蜜芽宝贝”的创始人，在谈到自己如何获得徐小平老师的投资的时候，她说她精心编写过一条短信，这条短信是这样的：

> “徐老师你好，我是一名北大的毕业生，但现在我在开淘宝店。我的销售额已经有 3 000 万了，可是我非常不快乐，我听说您是青年的心灵导师。我是一个陷入困惑的青年，您有时间开导一下我吗？”

这条短信非常有意思，我逐句解读一下。

我是北大毕业生

—— 高学历的精英

但现在在开淘宝店

——咦，北大毕业生为啥去开淘宝店？混得不行吗？（这很容易让人联想到北大毕业生卖猪肉之类的故事。）

我的销售额已经有 3 000 万了

——又来了一个反转，虽然开淘宝，但是赚得不少啊。

但我非常不快乐

——继续反转，我很能赚钱，但是我不快乐；

我听说您是青年的心灵导师，我是一个陷入困惑的青年，您有时间开导一下我吗？

——徐小平老师多年来一直是青年导师的形象，他也一直乐于为优秀的年轻人解答疑惑。

发出短信两分钟之后，刘楠就接到了徐小平老师的电话。很快徐老师成了刘楠的投资人，而蜜芽宝贝目前也成了一家估值过百亿的企业。

所以你看，这条短信起到了很大的作用。这一个小小的案例，能让我们看到自我介绍的威力，也让我们看出自我介绍的核心目的：通过自我介绍，和别人建立人际供求关系。什么叫人际供求关系？我把它分为两部分，第一是情绪供求，第二是物质供求。

所谓的情绪供求，就是每个人倾诉的需求和需要陪伴的需求。比如谈恋爱时，你希望对方能陪伴你、倾听你，能喜欢你的爱好。同时你也应该为对方提供陪伴，倾听对方想让你倾听的事，两个人之间的相处，就是互相提供情绪价值。

所谓物质供求也很好理解。你去找一份工作，提供你的个人能力，为公司创造价值，而公司拿薪酬和奖金作为回馈，这种情况属于物质供求。

供求关系是经济学研究的一个重要主题，但是经济学对供求关系的讨论主要是物质供求，而情绪供求则更多来自心理学研究。在日常的人际关系中，单独谈论任何一个侧面，都无法完整地反映人际关系。所以在这一部分我们需要将情绪供求与物质供求都放进来探讨。

如果说人际供求关系分为情绪供求和物质供求，接下来你可能会好奇，我们应该如何提供人际供求呢？

## 如何提高人际供求关系？

我认为有三大步骤，分别是引起兴趣、激发需求和调整位置。

所谓的引起兴趣，就是你首先要通过自我介绍，来让别人关注你甚至喜欢你。比如我前面提到的那位 90 后占星师姜熊猫，她的自我介绍就深深地印在了我的脑海里。作为一个理科男，我对她的职业产生了巨大的好奇，占星师怎么能知道前任的所有事情？我其实不是个八卦的人，但听完这个自我介绍之后，就觉得这个人特别有趣。

当然，光引起兴趣是不足够的。引起对方的兴趣之后，你要激发他的需求。我有一位朋友何老师，他是一名演讲教练，同时也是TED的策划人。有一次，一家中型企业想请他做高管培训。谈过之后，这家公司非常相信何老师的业务能力，但是也有一个隐隐的担忧——何老师虽然非常知名，却是一个90后，而他们的高管团队成员都是70后和80后，年轻的何老师可能把控不住场面。几天之后，何老师发了一条朋友圈，说刚给华为的高管做了演讲培训，反响不错，对方说下周还想请他过去。

没过多久，这家中型企业的CEO就在何老师朋友圈里留言："何老师，我们正式决定邀请您为我们的高管团队做一次培训，不知道您什么时候有时间？"何老师告诉我说，他发这一条朋友圈的目的就是让他们看到自己的实力。

给华为高管做过培训的教练，一定有能力给中国绝大多数企业当教练。他很聪明地通过一条朋友圈状态激发了一家中型企业的需求，并且成功地拿下了几万元的单子。

激发需求之后的第三步，就是要调整位置。

很多时候，我们的自我介绍可以达到调整人际关系位置的目的。在自我介绍之前，你的位置往往比对方低，而在这之后，你可以让你的位置和对方旗鼓相当，甚至超过对方。

我曾经看过一个经典的故事——如何吸引比尔·盖茨的注意。

有些人会说："我是一个土豪，买1万套微软办公系统，比尔·盖茨就会注意到我。"其实，比尔·盖茨高居福布斯富豪榜，你给他送钱，反而是用你的弱势打他的强势。

相比之下，如果你能提供中国三四线城市青年的文化消费趋势和消费观，反而更有可能打动比尔·盖茨。因为了解了中国三四线城市青年人的文化生活之后，他对中国市场就可能有更深入的理解，这一点是他缺乏的，而这个很有可能是你所具备的。你可以通过这样的方式，调整和比尔·盖茨之间的位置。

所以你会发现，人际供求这三大步骤层层递进，环环相扣。你要先引起对方的兴趣，再去激发对方的需求，最后调整位置，逐渐达到成交的目的。

## 引起对方兴趣，建立良好的第一印象

关于引起兴趣，我们先来看一个故事，了解当年默默无闻的黑珍珠是如何身价大涨的。

从前并没什么人知道黑珍珠，珠宝市场上也没有它的身影。谁也没有想到，这个产于南太平洋小岛的黑色珠子能有什么价值，直到当时著名的珠宝大王阿萨尔发现了它和它的商业价值。

他做了三件事情。

首先，根据色泽和大小筛选黑珍珠，选出更精良的样品。

其次，把精心挑选的黑珍珠样品，放在著名的珠宝交易场所——纽约第五大道的商店里，并且给黑珍珠标上了很高的价格。

最后，他开始做第三件事情——在杂志上给黑珍珠打广告。而且在广告中把黑珍珠和其他珍贵的珠宝（比如红宝石和蓝宝石等）放在一起宣传。

没过多久，曼哈顿上流社会的贵妇们都戴上了黑珍珠项链，从此黑珍珠开始风靡全世界。

阿萨尔通过把黑珍珠和其他高价值珠宝放在一起，影响大家对黑珍珠的第一印象，锚定了黑珍珠在普通消费者心里的价值。从此以后人们对黑珍珠的认识，就会一直受这个第一印象的影响。

研究表明，你对一个人的第一印象会在脑子里停留 9 个星期之久，并且能够持续地影响你后续的决定。其实这是一个社会心理学概念，叫作首因效应。首因效应也是我们做好自我介绍的理论基础。可以说，只有给别人留下良好的第一印象，你的自我介绍才更有可能成功。

接下来你可能会好奇，我们如何塑造自己在别人眼里的第一印象呢？下文将和你分享三种方法，分别是运用对比、制造冲突，以及设计悬念。

**运用对比**

很多人喜欢在朋友圈里晒自己和某行业大佬或者某个大咖同框的照片。这些人晒照片的目的，也是希望通过“傍大款”的方式来提高自己的身价——你看我和身家一亿的人站在一起，是不是我的身价也差不多值好几千万。

当然我并不鼓励你用这样的方法忽悠别人，一张合影其实也证明不了什么，不过你可以通过更有技术含量的方式，让别人更好地认识你。

举个例子。我的写作训练营里有一位学员叫作小周，他的自我介绍是这么写的：

“我是一名销售人员，但是口才不好，曾经在整整两个小时的饭局里，说过的话不超过三句。还有一次，我竟然在一位90多岁亲戚的寿宴上，说出‘长命百岁’这样尴尬的贺寿词。”

他的介绍很有冲突性，明明是个销售人员，却说自己口才不好、情商还低，这样的人能在销售行业混到现在，一定得有几把刷子才行。

再来看另一位销售人员的自我介绍，他是这么说的：

“大家好，我叫××，是一名酒店厨房设备销售人员，很高兴能跟各行各业优秀的朋友一起参加写作训练营。”

这一段自我介绍是不是就略显平淡？他可能只是让你知道了他是一名销售人员，甚至在他讲完之后，你也没留下什么太深的印象。而前面那位小周，通过一个有强烈对比的自我介绍，引起了很多人的兴趣。

**制造冲突**

什么是制造冲突？也举个例子。

2018年年底，我给民办学校的校长们讲了一堂线下课，有一位校长的自我介绍是这样的：

“我叫××，外号‘一哥’。原来是学化工做炸药的，可是却因为异地办学被人收购，从此走上了教育的‘不归路’，一做就是 19 年。”

然后我再以自己为例：

“你好，我叫师北宸，高考语文不及格，现在我全职教别人学习如何写作。”

你可以感受一下，一个做炸药的在搞教育，一个高考语文不及格的在教写作。这两个例子，都是冲突感非常强的自我介绍。通过这种制造冲突的方式，你可以很快抓到对方的兴趣和注意力。

**设计悬念**

金庸的武侠小说，阿瑟 · 柯南 · 道尔的福尔摩斯探案故事，还有希区柯克的电影，都非常引人入胜，其中一个很大的原因——他们都非常善于设计悬念。但是什么才算悬念呢?

举个例子，电影中的两个人在火车上谈话，他们脚边放着的一个包突然爆炸了。这个时候观众和人物都会大吃一惊。

观众和片中的人物事先都不知道这里有一个爆炸源，所以这不是悬念，只有惊吓。惊吓的时间非常短，一般几秒钟就过去了。这种方法不能老用，用多了观众就疲倦了。

可是如果观众知道那个包里装的是定时炸弹，而片中谈话的两个人并不知道，就产生了悬念。观众会从心里发出警告说：“你们赶紧别聊了，炸弹快爆炸了。”而且观众也会对人物交谈的内容非常关注，因为他们心里一直对包里的炸弹提心吊胆。

所以这就是悬念，悬念就是与期望的不对等。

再举个例子，前一段时间我家里出了一点事儿，和朋友聊起来的时候，我这样开头：“早上起来我发现床底下飘着两只鞋。”和朋友讲完这句话之后，对方就睁大眼睛想听究竟发生了什么，因为我给他设计了一个悬念。

## 激发对方需求，成为满足他的“唯一人选”

请你想一想：在需要自我介绍的场合里，如何展示自己的独特价值，从而激发对方对你的需求？

一般人的想法是，要展现一个人的独特价值，首先要唤起对方的好奇心，但我建议你更进一步，去唤起对方对你的尊重。

举个例子，《奇葩说》每一期的开场，导师都会有一个开场白。其中有一期，多数人的开场白都在搞怪，高晓松说：“我是说话从来都不喘气的高晓松。”李诞说：“我是说话从不不不……不像臧鸿飞那么着急的李诞。”只有薛兆丰教授一本正经地自我介绍：“我是说话从来都不煽情的薛兆丰。”这句自我介绍就很出彩，为什么呢？

《奇葩说》虽然是一个娱乐节目，但薛兆丰在这个节目的人设仍然是经济学家，他自己也说：“我的任务是从经济学的角度来做分析。”那经济学家最大的特点是什么？理性。薛教授的这句自我介绍，巧妙地展现了自己的价值，也因此让自己在《奇葩说》这个舞台更加得到尊重。

那你可能会问，如何才能更好地唤起对方的尊重呢？办法有很多，但是我觉得有两个办法最合适：直击痛点和扬长用短。

先说第一个办法，直击痛点。

我曾经看过一篇新闻，说一位中国商人因为自己的独特发明，得到了和比尔·盖茨见面的机会，他向比尔·盖茨介绍自己的方式就很有意思。这个故事是这样的。

商建忠是一位普通的中国商人，因为做包皮手术的时候太痛苦，所以自己研发了一款新的包皮环切器。没想到比尔·盖茨的基金会刚好在寻找一种简单、方便的割包皮工具，投放在非洲用以预防艾滋病，这样一来供需双方就匹配上了。

比尔·盖茨还特地跑来北京和商建忠见了一面。那商建忠当时是怎么介绍自己的呢？他说，他愿意和比尔·盖茨一起为艾滋病防治做出贡献。

请注意，他的发明可以为非洲预防艾滋病做出贡献，而这正是比尔·盖茨所关心的，所以他抓住了盖茨心中这一痛点，表示自己也愿意为艾滋病防治做出贡献，他不仅展现了自己的价值，也赢到了比尔·盖茨的尊重。

第二个办法，扬长用短，“用”是使用的用。

有个成语叫作扬长避短，意思是如果你知道自己的优势和短板，你一定要尽可能地发挥自己的优势，藏起自己的短板。但在我看来，有时候坦诚地透露出自己不太擅长的地方，反而更能引起对方的信任。

举个例子。我以前所在的公关公司很不容易招到人，因为工作很忙，几乎每天都要加班，很明显这是我们招人的短处。但我们的长处也很明显，那就是客户对我们很信任。我在招人的时候，就采用了扬长用短的办法。我向应聘者介绍公司的时候会说：“我们不会受甲方欺负，甚至都不用去竞标，都是客户找上门来。但是不好意思，在我们公司加班是经常有的事。如果你非常有工作热情，希望快速地成长，那在我们这个平台，你是可以发挥自己的长处的。”

所以通过引导大家转换视角看待加班这件事，你会发现我们的短板反而不是短板了。当然，如果你以后在找工作的时候，发现对方的介绍是“在这里你可以快速成长”，你就知道加班可能很多。还有，其实我们每个人身上都有小小的瑕疵，坦诚一点也没什么不好。我常常自黑，有些学员说“老师颜值很高啊”，我就会说“可是我长得矮啊”。适当的自嘲会让别人觉得你还挺幽默，很乐意和你相处、合作。

## 用好反转，一招搞定关系中的位置

前面我提到过，自我介绍是为了建立人际供求关系，而建立人际供求关系的最终目的，就是调整你在这段关系中的位置。

那什么叫人际关系中的位置呢？比如在中国人的餐桌礼仪中，基本都把对门的位置作为尊位。通常来说，如果你是关系中提供价值的一方，你的位置往往更高。不过，有一些简单高效的小技巧，能让你快速调整自己的位置，在关系中取得主动权。

要调整位置，核心思路就是利用好反转原则。先充分抓住对方的注意力，然后突然反转，往往可以达到意想不到的效果。反转原则有3个具体使用方法，我会在下文以罗永浩的求职信为例向你一一解释。罗永浩是锤子科技的创始人，曾经是新东方的名师，但其实他去新东方的前两次试讲都失败了，后来因为一篇写给俞敏洪的7 000字的求职信得到了第三次试讲的机会。

罗永浩的这封求职信把反转原则用得淋漓尽致，可以说是一个成功推销自己的典范。

**你知道的错了，我告诉你对的**

罗永浩在一开始是这么说的："俞校长您好，我先对照一下新东方最新的招聘要求：1. 英语发音标准。"因为招聘要求英语发音要标准，所以他第一句就是"我的英语发音非常标准"，而且还主动表示自己的水平比王强差一点（王强是新东方3个创始人之一）。但是他马上就反转说，明明新东方的一些老师发音也没那么好，所以不懂为什么有这样的招聘要求。

我们想一想，俞敏洪肯定认为，新东方大部分老师的英语发音是标准的，因为新东方几乎汇集了英语培训领域的好老师。但是罗永浩对俞敏洪说，不对，你知道的是错的，对的是什么呢？就是一些老师发音并不标准。

如果是普通人，对方要求发音标准，你告诉对方你的发音很标准，就结束了，对吧？但罗永浩非要在后面来一个反转，拿自己和王强以及新东方其他老师做对比。通过这种方式，他把自己放在了王强之下，但在其他很多老师之上的一个位置，从而给俞敏洪留下了深刻印象。

**你知道的不全，我告诉你全的**

因为是求职信，所以罗永浩在信中不可避免地提到了自己对于新东方的一些直观感受，当时他已经接受过新东方的集体培训了。他先表示“鹫峰山上的学习气氛和恶劣条件我都非常喜欢”，但是马上反转说：“我发现讲课老师的水平，和新东方的声誉比起来，还是很不理想。”

俞敏洪虽然是新东方的校长，但他肯定也不可能掌握所有老师的信息。所以罗永浩就把在他这个角度看到的东西，告诉了俞敏洪。他重点分析了当时的一位名师，这位名师自称治学态度很严谨，但罗永浩在他教的填空题里找出了多处错误。以此类推，他告诉俞老师“新东方的老师，都是拿了正确答案再进行分析讲解，所以他们总是能用错误的分析推出正确的答案”，这相当于指出了新东方教学的一个弊端。

说完这些，他还不忘自夸一把，表示“我以这样的条件敢来新东方应聘，除了脸皮厚这个最显而易见的表面原因之外，主要还是教填空课的自信”，并详细列举了自己对填空题教学的一些看法。

你会发现，罗永浩这些话消除了俞敏洪之前的盲点，让俞敏洪从一个普通教师的视角，更全面地看待新东方存在的问题。虽然刚开始是例行夸赞，但后面这个反转就紧紧抓住了俞敏洪的心，因此他的自卖自夸也就更容易被俞敏洪理解和欣赏。

**你知道很多，但只有一个最重要**

在这封求职信的最后，罗永浩的个人总结是这样的：“我想我多半看起来像是个怪物，高中毕业，不敢考数学，居然要来做老师。”接下来当然还是熟悉的配方，熟悉的反转套路。他说：“但是，我到新东方应聘不是来做教师的，而是来做优秀教师的。”

他先指出了自己的劣势，比如只有高中毕业，比如不敢考数学。但他大手一挥，表示这些都不重要。唯一重要的是什么呢？那就是仍然希望成为新东方的一名优秀教师。注意，成为新东方的教师还不够，还要成为新东方的优秀教师。如果你是老板，看到这样的员工表白，你会不会心动？

当然，你可能觉得罗永浩太狂了。但是有句话说：认真吹牛的人，终会变得很牛。罗永浩进入新东方以后，也确实证明了自己的实力，成为新东方的名师之一。他虽然用技巧赢得了机会，但真正让他成功的，还是他的实力。

归根结底，想要提升自己在人际关系中的位置，你必须证明自己的价值。而自我价值的提升，是一项长远而系统的工程，不能一蹴而就，需要科学的方法论。在这一节的最后，我想跟你分享一个长远的职业规划原则，叫作“A–B–Z职业规划”。

这个原则是我从霍夫曼的书里读来的。霍夫曼是领英创始人，而领英是全球最大的社交网络，也是我的前东家。

A计划就是你现在所从事的工作，或者叫主业。你可能喜欢，也可能不喜欢，但你要依靠它获得一份收入。它是你的安全线和基本保障。

而B计划就是你的一个业余爱好，或者是你对自己未来投资的一项通用能力，可以把它称之为副业。你每周有40小时用于主业的工作，可以用10~20小时的业余时间发展副业。如果你实在不知道学点什么，你可以投资写作、演讲、外语或计算机等能力，在这些通用能力的培养上扔再多的时间都不为过。

你的主业如果是销售，副业是写作，那么一位会写作的销售人员，获取潜在客户的能力以及成功谈下客户的可能性，要远大于只发展销售这一个技能的人。如果你以后要做自由职业者、成为管理者或者想创业，都不妨把B计划作为你未来的一项重要投资去实施。

而什么又是Z计划呢？Z计划就是无论这个世道如何变化，你都要有一项可以让你糊口的能力。

再举个例子，比如我前面提到的投资写作。假设你在北上广深，如果有一天你不想在大城市工作了，还可以回到老家，远程给媒体投稿，这样能确保你至少有一份糊口的工作。如果你是设计师，也可以通过远程为别人提供设计方案，来获得体面的收入。

“一把钥匙”团队有一位同事因为娶妻生子，离开了北京回洛阳老家。在公司契约关系上，他虽然不再是“一把钥匙”的员工，但涉及课程幻灯片制作、课程在外部平台上架，我们依然会请他帮忙，并按照约定的价格结算。他也尽心尽责，按照约定的时间发回高质量的交付结果。课程制作，就是这位前同事的Z计划。

我在领英工作的时候花了很多业余时间用于B计划。我的B计划是在“在行”当一名咨询顾问，帮助企业高管和初创公司创始人打造个人品牌。两年时间里，我成为“在行”平台评分最高、单价最高的行家之一。通过数百个一对一案例，我积累了关于客户心理、客户需求的经验，在提高客户满意度交付上都得到了很好的锻炼。

里德·霍夫曼还出版过一本书《联盟》，在他看来，多数员工与公司的关系不会像在日企或者国企一样，一个人在一个公司待一辈子。员工与公司的关系可能更像任期制，每一任 2~5 年，任期一到，可以选择双方继续结盟或者离开。即使离开，也不影响双方的关系，员工离开之后既可能成为公司的客户，也可能成为公司的供应商，或者在新的公司里给公司传播品牌和口碑。“人事关系”不在一起，依然不影响双方以全新的方式继续合作。

“A–B–Z 职业规划”，可以帮助你构筑最基础的职业安全感，确保你当前的工作不会有太大的问题，更重要的是还兼顾了你未来的发展。

## 为自己打造独一无二的包装

掌握产品思维，找到你的相对优势。

自我介绍其实是要跟别人建立人际供求关系，而建立人际供求关系的最终目的，就是把自己“卖”出去。也可以换一个说法，你要让别人意识到你的价值在哪儿。

那我们怎么找到自己的价值呢？请切换一个视角，把自己当作一个产品看待。

无论你是公司的普通员工，还是职业经理人，本质上我们都是拿自己擅长的能力，来为公司、社会服务，从而获得一些回报。我们希望获得的回报，可能是荣誉、地位或者金钱。

所以，无论是在生活中，还是在工作中，我们都面临着一个不断把自己“卖”出去的过程。这是我们在社会上体现价值的过程，也让我们收获自己想要的回报和结果。在这个过程中，我们要把自己当成一个产品来打造。有了产品思维，我们才能给出更加准确的个人定位，确立更加清晰的自我营销思路。用产品思维来打造自己，有两个关键点你应该了解。

第一，更好地认识自己，找到自己作为一个“产品”的独特价值。这个独特价值，是我们在社会中的核心竞争力，也是我们对自己的一个定位。只有你对自己有足够清晰的认识，才有可能让别人准确地认识你。

第二，学会包装自己。产品是一个黑盒子，外界对你一无所知，只能通过你的界面认识你是谁。香水除了靠自身的香味打动人以外，还需要精美的瓶子、包装盒、陈列柜以及陈列柜周围的灯光和柜台所处的商场等一系列外部环境，影响顾客对它的认知。如果你是一瓶香水，你要学会给自己设计一个瓶子和一个盒子。

## 更好地认识自己

认识自己至少需要两个视角。一个是自我视角，也可以称之为第一视角，即你自己眼中的自己；另一个是第三人视角，也可以称之为上帝视角，也就是别人眼中的你。

当我们在一个事情中扮演行动者的角色，和别人交谈、在办公室忙碌等等，这其实都是处于第一视角的自己。而有时候，我们还需要建立第三人视角去看自己做的事情。这就像在旁边给自己安装一个摄像头，以完全客观的第三方视角来审视自己。

通过自我视角和第三人视角的拼接，你才能完整认识自己。

很多人在以第一视角审视自己做过的事情时，容易过度拔高自己，或者因为代入很多的自我想象而做出不太客观的判断。这个时候，你要有一个上帝视角，把自己的感受和事实区分开来。

如何破除扭曲的自我认知呢？你要去问一问，身边的人是怎么看自己的。要做到这一点不容易，因为所有人都希望自己在别人眼中是完美的。问别人自己的缺点是什么，这其实就在克服我们人性的弱点。

如果你遭到了别人的否定，先不用着急。把别人认可你的部分记录下来，继续发扬，而对于别人指出的你的缺点，你也要记录下来。作为产品，你要了解受众的反馈，才能更清楚地认识自己，也才能更好地找到定位和改进的方向。

另外，我们要注意的是，尽管我们的自我介绍是讲给别人听的，但你还是要尽可能地还原别人眼中的自己。我有一次在写作训练的直播里讲过一句话：“别人讲的，都是对的。”别人对你的所有评价，在某种程度上也代表了他们对自己的评价。

譬如我有一位朋友说特别看不惯我的骄傲、自负，刚来训练营看到我直播的样子就想退群。后来她想明白了：她讨厌我的骄傲和自负，是因为讨厌自己身上的骄傲和自负。

我还有一位朋友珍妮，她也认为我骄傲、自负，可不同的是，她说她很喜欢我的骄傲和自负，觉得我身上这一点特别真实、可爱。她说她没想过竟然能完整听完如此自负的我的一个多小时的直播。后来我在一次线下活动见到脸上写满傲气的她，她大概是我见过的最骄傲的人。后来我知道了，她很喜欢她自己的骄傲和自负。

通过第三人视角，我知道自己身上的一个特质：骄傲和自负。

一个人很讨厌该特质，另一个人却很喜欢。刚听到前者说很讨厌我这一点的时候，我心里不舒服，可是很快接纳了自己的这一面。我们看其他人的时候，总是看得特别清楚；当我们看自己的时候，总是容易扭曲或美化。通过第三视角，我们更容易把自己从情绪化的状态中抽离出来，更加客观地审视自己、反思自己。

## 合理地包装自己

其实我们说一个人“名不副实”，指的就是他的“包装效果”和真实情况不一致。那我们怎么合理地包装自己呢？你可以使用的一个方法是，尽可能获得权威背书。

在特劳特的定位理论中，一个品牌要得到消费者的认可，需要带着“信任状”出场。信任状，在某种程度上也就是背书。

以“得到”的“薛兆丰的北大经济学课”（现更名为“薛兆丰的经济学课”）为例，我想其中“北大”二字在最初贡献了不少订阅量。

信任状的价值在于让消费者第一时间对品牌产生信任。一般来讲，信任状有一些来源。

**市场认知基础**

可以理解为大众的常识性判断，比如提到硅谷会想到高科技，提到纽约会想到艺术、文化、金融，提到北京中关村会想到创业，提到德国会联想到工业品质可靠。如果你在创业，你说你来自硅谷会比来自长沙听起来要更有戏一些；如果你造家具，你说你来自意大利比来自温州听起来要更高档一些。

**细分品类第一**

你可以从很多维度找第一。市场销量第一，第一个做某件事的人，或者是某个区域、某个品类的第一都可以。比如王老吉被公认为凉茶始祖，喝它最正宗；可口可乐最经典，是可乐饮料的开创者。很多人约我的写作课，因为我是“在行”最贵行家之一，“最”也代表了某种程度上的第一。因为很多人的心态是：你敢收这么贵，水平肯定不会差到哪儿去。

**第三方的认证或者评价**

媒体的报道、行业协会的认可、第三方专家的评价、客户的评价都可以算在此类，比如获得奥斯卡奖项的电影、最受媒体欢迎的科技产品等等。许岑的幻灯片课程对外打的旗号就是“那位帮罗永浩制作幻灯片的男人”。

布什总统曾有一位私人助理叫布莱克 · 戈斯特曼。他没有大学学历，但由于担任布什总统私人助理时工作表现很好，得到了布什总统的推荐信，然后进入哈佛大学学习，后来加入一家顶级私募基金公司工作。布什总统的推荐信，为他日后的事业提供了很大的帮助。

**成功案例**

一个曾经写过很多篇阅读量 10 万+的文章的人，很容易应聘到一家公司的新媒体编辑或主编的岗位。如果你是一个喜欢写作的人，最好的方法就是把作品拿出来说话。如果你只是自己开了个公众号，或者在简书上写了 10 篇文章，然后你跟别人说你写得很好，换位思考一下，别人这么说你信吗？

但是，如果你的作品在某个权威杂志上发表了，那就可以算是一个成果；或者你拿出公众号数据来，篇篇阅读转发量10万+，那也能证明你的文章在传播度层面是很有竞争力的。

爱彼迎（Airbnb）你应该不陌生，它现在是一家价值超过300亿美元的明星公司。其实这家公司在成立之初，境况非常惨，直到获得硅谷第一创业孵化器YC（Y Combinator）的投资，才迎来了转机。而帮助爱彼迎成功打动投资人的，正是它自己的作品。

当时爱彼迎在YC面试，过程并不顺利。准备离开的时候，一个人拿出了他们正在卖的麦片包装盒，送给了投资人。结果YC的人就凭借这一举动认为，既然他们能成功地把价值4美元的麦片包装盒以40美元卖出去，就也有可能做成现在这件事。于是，爱彼迎顺利地获得了YC的投资。

特斯拉的CEO埃隆·马斯克也是一个擅长用案例给自己背书的人。他给合伙伙伴打电话说："我是马斯克，互联网行业亿万富翁，创建了贝宝和X.com。我本来可以余生在海滩上喝鸡尾酒。但我认为人类需要成为多行星物种以维持生存。我想用我的钱做些事情，我需要俄罗斯火箭，这就是我给你打电话的理由。"

说到不如做到。用作品和案例介绍自己，是最直接的方式。在娱乐圈，很多"小鲜肉"、流量明星受到质疑，其中最大的一个质疑点就是"你的作品在哪里？"而很多乐坛或影坛常青树，比如李宗盛、梁朝伟等，之所以更受人尊重，是因为他们拿出了足够有说服力的作品。

只有作品，才有穿透时间的力量。

如果更深地解读，认识自己其实是个哲学问题。古希腊德尔菲神庙阿波罗神殿门前的三句石刻铭文中就有一句——认识你自己，希腊人是把这句话当作神的指示；哲学家苏格拉底也经常用这句话教育弟子。你是谁，你从哪里来，你要往哪里去？这不仅是哲学问题，也是人生问题。到了某个人生阶段，你会不断碰到这些问题。只有清晰地认识自己，才能更清楚自己要往哪里去。

## 以终为始，设计你十年后的个人履历

很多人的行为，是没有目的的。我在写作课中经常碰到的问题是：

> 老师，请问应该如何读书？
>
> 老师，你有推荐的书单吗？
>
> 老师，阅读训练营的李翔老师说要快速阅读，你说要逐字逐句阅读，那究竟应该怎么阅读是对的？
>
> ……

每一个问题，我都只能回答三个字：看情况。

接下来，我会问一个问题：你想要什么？或者，你的目的是什么？

如果你想成为一名小说家，那么我推荐《金字塔原理》恐怕不会对你写小说有太大帮助。如果你不知道自己想要什么，任何答案和建议都没有意义，甚至会起反作用。

在介绍了如何把自己当作一个产品去打造和包装之后，我们再来深入思考一下：你究竟想成为一个什么样的产品？

你究竟想成为一个什么样的产品，比如何打造一个产品更为重要。

如果你的目的是登上山顶，那么航海路线图只会让你离目的地越来越远。

现在请你思考一下：十年之后，你希望如何跟别人做自我介绍？换句话说，你可以通过设计你十年后的个人履历，用未来的目标，反过来指导目前的行动。

首先，请你思考两个基础问题。

第一，你的终极人生目标是什么？

第二，作为一个社会人，你要修炼一门什么样的手艺来立足？你擅长做什么，以及你想做什么。

这两个问题的逻辑是，首先你要清楚自己的人生目标，其次想在社会上更好地立足，你还需要修炼一门适合自己的手艺。前者是战略问题，后者则是战术问题。等你把战略和战术两个问题都想明白了，并照此行动，收获就是自然而然的事情。

当然，这两个都是大问题，很不好回答。所以，我会给你一些思考角度和方法做参考。

下面我们先思考第一个问题——你的人生目标是什么？

如果你觉得这个问题无从下手，那我们可以假设一种场景。想象一下你现在正在参加一场葬礼，在花圈的映衬下，在低沉的音乐中，到了追忆逝者的环节。这时候你才发现，原来这是你自己的葬礼。而你的父母、伴侣、朋友、同学以及同事即将上台，谈一谈他们对你的认识。

这时候，你希望大家如何回忆你？你希望大家如何评价你的人格？你希望自己对周围的人产生过怎样的影响？你是称职的伴侣、子女和父母吗？你是一个令人怀念的合作伙伴吗？

你在临终时希望获得的评价，才是你心底对自己的真正期许。也许这时候你才发现，所谓的名利、成就和财富其实都不是你真正想要的。你也许只希望自己是一个好父亲或好母亲，是一个好的伙伴，又或者曾尽己所能，帮助过身边的人。

总之，你只要想明白自己的人生目标，生活就会从此改变。你要用这个目标指导你今天的生活，并且每天都向着这个目标努力。毕竟很多人一辈子埋头苦干，到头来却发现梯子搭错了墙，但为时已晚。所以说忙碌的人生未必出成果。想明白自己的人生目标，想清楚自己最终想成为一个什么样的人，才是最重要的。

时间管理最大的问题是：它从来不告诉你，这个世界是以成就论英雄，而不是以谁的时间填得最满论英雄。你最需要关注的是你的产出和价值。没有产出，事情做得再多，都是无用功。

或许 99% 的人会说，读书很好，可是为什么不想得更远一点，你究竟是为什么而读书？我以前的日程安排里还有读书这一项，现在完全没有。为了准备一节课，我就得翻 2~3 本书，根本不需要为读书专门安排时间，因为读书本身就是完成课程的一部分。为了筹备一门课程，我需要深入阅读 100 多本书。

我写硅谷公司的科技评论时，也从来没有专门学习英文，而是直接读国外媒体的文章，为我的评论准备素材。刚开始，一小时只能读三篇小短文，每一段话都要查好几次单词；后来我一个小时能快速读十几篇文章。大学期间，在勉强通过大学英语四级考试时，我就去翻译文章，因为翻译了很多篇文章，到现在还能碰到当年读过我翻译的文章的朋友。

2017 年 9 月，我见了一位写作课学员，她说我的写作课对她触动最大的是第一节——写作对你究竟意味着什么？她曾经坚持打卡 100 天，每天留言 500 字以上，对她而言那是一个小小的成就。可是 100 天之后呢？没了。因为她不知道继续这么做下去的目的和意义何在。

我从一开始就问大家：你为什么要学习写作，写作对你意味着什么，你希望写作能帮到你什么？如果你没想清楚，建议你赶紧离开，把时间拿去做其他事情。

从一开始，你就要想清楚自己为什么做这件事，你希望这件事情给你带来什么价值，同时，你一定要有所产出，并让这些产出系统化、持续化累积起来。

如果你一时没想清楚，那么在做这件事的过程中，也要反复问自己：我做这件事情的目的是什么？意义是什么？

以这样的方式，你就能删掉那些不需要做的事情，在要做的事情上投入更多精力。

以终为始的另一层意思就是，若无终则不要开始。

第二个问题是，你想修炼一门什么样的手艺？

聊完人生目标，我们再来聊聊你想修炼什么手艺。我在前面也强调过，行走江湖要拿作品说话。所以你不妨想一想，十年以后，你自己拥有的一门手艺，或者一项专长是什么？

据我观察，很多大学生在进入职场之后，学了一大堆知识，可是当你问他有没有一门手艺时，答案却是没有。你问他有没有什么爱好，好像也没有。

很多人在大学毕业之后，就停止了学习，停止了成长，这其实是一件很可悲的事情。无论你是在校大学生，还是已经毕业，都不影响你继续在学习中寻找你到底喜欢什么，直到找到，然后把它锻炼成你自己的手艺。

锻炼手艺，最好的方式就是刻意练习。

所谓刻意练习，需要你每天投入一定时间专注于练习，同时还要尽可能地找到专家或者你的受众获取反馈，并据此及时调整和修正自己的练习方式。

除了刻意练习以外，你还需要保持好的精力、好的睡眠，以及良好的运动习惯。这些习惯可以确保你精力充沛，可以确保你的练习有足够的成效。

很多人听说过日本的寿司之神小野二郎，他经营着一家非常小的寿司店，几十年来一直专注在制作寿司这件事情上面。他甚至能尝出来用不同的水淘洗和蒸煮大米时，米饭味道的细微差别。而几十年如一日地对寿司的打磨，让他成为世界上年龄最大的米其林三星主厨。据说去小野二郎的店里吃一次寿司，需要花费 3 000 元以上。这里的货币单位可不是日元，而是人民币。

好，当你想清楚自己要修炼什么手艺，你就可以更明确地做出选择，因为清楚自己要什么，所以你就更容易给自己的生活和工作做减法。

下面我用自己的例子来讲讲我是怎么思考和处理这两个问题的。

2017 年的时候，我曾经收到一份非常令人心动的工作邀约，这份邀约来自一家估值几十亿美元的科技公司，职位是公关负责人。但是我却在收到邀约的当天就回绝了。

回绝这一邀约之后，我给推荐我的朋友发了一封信：

炳哥你好：

两年没见，一见面就给我一个很好的机会，非常感谢。昨天和你聊的时候我有一刹那心动了，如果放在半年前，我一定马上答应。但这半年多以来，我仔细思考了过去十年我做的所有事情，无论工作生活有何变故，高兴还是沮丧，我一直没中断过写作，只要有空，我就想读点东西，写点东西。在折腾过各种事情、有过各种经历之后，唯一“幸存”的就是写作，我想这大概是真爱了吧。写得不一定好，但是准备一直干下去了。虽然是一个极其小的品类，但值得深挖。

我现在开设了给职场新人的职场写作课，不久后我还会开设进阶版的写作课，教大家如何写作媒体文章。我希望自己能像米未传媒或皮克斯那样，专注把内容做好，然后去其他的平台分发。我恰好擅长这个、喜欢这个，而且它恰好还能创造社会价值，并让我从中获得不错的商业回报。能在 30 岁出头找到一件真心喜欢的事情，我很珍惜，也很感恩。

我记得领英的CEO杰夫·韦纳曾经发过一篇文章，他画了三个圆，说：“这三个圆分别代表你擅长、喜欢和有价值的事，三个圆相交的部分，就是你应该去做的。”我很庆幸自己找到了这一部分。

谢谢你对我的赏识，也谢谢你的推荐。如果以后你需要人才，我也多帮你留意。你去××公司就职之后，如果有我能帮上忙的，也请随时来找我。

师北宸

如果是几年前收到这样的机会，我估计二话不说，马上就去争取了。可是 2018 年的我，找到了这一生想追随的事情，所以很多看起来是机会的事情，在我眼里只是披着华丽外衣的诱惑而已。

我拒绝这份工作邀约的时候，没有任何遗憾。当我决定爬到山顶的时候，那一片大海哪怕再广阔，也吸引不到我。因为我的目标是要爬到山上去，看一看这一座山的风景。

## 如果想清楚修炼什么样的手艺，一天最多投入 4 小时就够了

先来看一则小故事。

汤姆·霍普金斯是世界级销售大师兼理财大师，在正式退休前他宣布：将在结束推销生涯的大会上奉献出成功秘诀。

这一噱头吸引了全球 5 000 多位精英参加大会。

大会开始，霍普金斯没有开始演讲，只是在一个铁架前，每隔 5 分钟敲击一下大铁球。

台下的人开始骚动，陆续有人离场而去，会场只剩下 500 人。

一个多小时后，在大师不断敲击的累积作用下，大铁球剧烈地晃动，停都停不下来。

霍普金斯指着转动的铁球，开口说了一句话："成功就是重复去做简单的事情。以这种持续的毅力每天进步一点点，当成功来临的时候，你挡都挡不住。"

打开各种谈论职场、时间管理的公众号，大部分文章都会告诉你：要把每一分钟都安排得满满当当，这样才不会浪费时间。

可事实上，如果你一天能高效工作 4 小时，就相当不错了。

在《写作这回事：创作生涯回忆录》中，史蒂芬 · 金谈过自己的日程安排：

> 我的日程安排得很清晰——上午用来处理新事务，比如撰写文章；下午用来打盹儿和写信；晚上用来读书、和家人在一起、玩游戏、做些工作上紧急的修改。基本上，上午是我最重要的写作时间。

照这个描述来看，史蒂芬 · 金一天大概也就工作 4 小时。

郑渊洁在 1985 年创刊《童话大王》，整本刊物只有他一个人写，为了保证每天写 4 000 字，他把每天写作的时间安排在早上 4:30~6:30，从

1986 年起，直至现在依然如此。

他最重要的一件事的工作时间是多少？——两小时。

你可能会说，这样的时间安排对史蒂芬 · 金和郑渊洁来说很容易，因为他们是史蒂芬 · 金和郑渊洁啊！可是当 1985 年着手创办《童话大王》时，郑渊洁还只是一位普通的写作者，正是因为他每天花两小时在最重要的事情上面，才成就了今天的郑渊洁。

村上春树在写第一部小说之前，从早到晚都在干体力活，忙着还债，几乎没有太多富余时间享受生活。30 岁时，半夜结束了店里的工作之后，他才可以坐在厨房的饭桌前开始写小说。花了差不多半年，他写出了《且听风吟》，凭借这部小说拿到了“群像新人奖”，为自己赢得更多的自由创作时间。

当你开始取得一些成就时，你就可以像村上春树一样，为自己赢得更多自由掌控的时间，完成自己心里最重要的那件事。

2007 年 7 月，软件开发者布拉德 · 艾萨克分享了一个高效率的秘密，这个秘密是他从喜剧演员杰瑞 · 宋飞那里学来的。宋飞在成名前经常在各地巡演，有一次艾萨克在一个免费的喜剧俱乐部里碰到了他。艾萨克问他，怎样才能成为一个更棒的喜剧演员。宋飞回答说，关键是每天都要写一个段子。他的方法就是在墙上挂一幅巨大的日历，哪天写了段子，就在日历上打一个大红叉。“几天后，就可以看到一列红叉，”宋飞说，“这列红叉会越来越长，你会很希望看到它，你唯一要做的事情就是不要让红叉断开。千万不要让红叉断开！”

你可能会说：“这些都是创作者的例子，但我的工作内容是人力、行政、财务、销售，我怎么把这些方法运用到我的工作里？”

我的建议是：观察一下同行业最优秀的专家，看他们掌握了什么技能，除了完成你手上必须完成的工作之外，每天花 1~2 小时掌握它。

像村上春树一样，写出一部属于你的《且听风吟》，无论它能不能获奖；像乔纳森 · 艾维一样，每天都在实验室里做设计；像麦当劳一样，专心做好那 10 多款汉堡，而不是像我家楼下的小饭馆，菜谱上有 60 多道菜，却没什么拿得出手。

当我只专注于一件事情的时候，我每天的工作时间大大缩短，但每天的产出却大大增加，不仅收入有所提高，我还有了更多的娱乐时间。我开始和朋友在吃饭的时候聊八卦，甚至有时候躺在沙发上发一会儿呆，同时我还能拿出更好的作品。这是我以前想都不敢想的。

找到对你来说最重要的一件事，每天投入 1~2 小时，你会创造出足够好的结果。

有一则小故事我非常喜欢，放在印象笔记里好几年，时不时翻出来看，也时不时分享给我周围的朋友以及写作训练营的同学，这个小故事的名字叫“偷时间的人”。

> 詹姆斯 · 凯尔曼是布克奖得主，1994 年他凭借作品《为时已晚》获得了该奖项。布克奖是英语小说界的最高奖项。有一年，他在接受英国《卫报》采访时，回忆起了他年轻时的写作生涯。那时候他还不是专职作家，时间对他来说很宝贵。
>
> 詹姆斯 · 凯尔曼说，早上从 5 点半到 7 点，大多数时候他

都在书桌前，每一天都是如此。“我之所以养成这个习惯，是因为感受到来自外部那些必要事务的压力。20 世纪 60 年代中后期，当我还是一个年轻的伦敦小伙子的时候，我就开始写作了。我不放过任何能找到的工作，大多数工作都是从早上 8 点开始，然后无休止地继续下去。等我回到家的时候，已经是身心俱疲，不能再做任何事了。”由此，他也发现了一条重要的艺术原则：疲惫的身体中活着一颗疲惫的心灵。于是，他决定在每天早上出门前两小时起床。

20 多岁的时候，詹姆斯 · 凯尔曼是一名司机，同时是两个孩子的父亲。如果换班时间是早晨 5 点，他会想办法在把车开出车库前花 1 小时写故事。尽管中途搁笔停止是一件很痛苦的事情，但他认为这也比一轮长达 12 小时上班之后再试图写作要好一些。

詹姆斯 · 凯尔曼说：“我在偷时间。这条简单的法则就是把最好的时间留给自己，而不是卖给你的老板。”对他来说，这条法则很有效。1973 年春天，26 岁的詹姆斯 · 凯尔曼在美国出版了自己的第一部短篇小说集。

# 向自己销售自己

在读这一章的过程中，你是否认真思考过这样一个问题：在把自己推销给别人之前，你是否尝试把自己推销给自己？

我有一位朋友阿容，她有非常好的职业履历，带过上百人的市场团队，曾经创过业，也在私募基金当过战略总经理，有过 10 多年的职场经验，离开之前所在的公司后，很多大公司纷纷向她抛来橄榄枝，不乏年薪百万的机会。可是她不想再做职业经理人，而是想成为一名自由职业者和商业咨询师。

在大公司里，一般有两条成长路径，一条是管理路线，另一条是专家路线。她之前走的都是管理路线，而现在，她想走专家路线。

工作十几年的她，放弃百万年薪，放弃外人眼里的光鲜职位，准备从专家之路重启新的职业路径。

她咨询周围朋友的意见，周围朋友都反对她。她在“在行”开设了几个话题，刚见了三个客户，其中一个做砸了——客户碰到的很多问题，她解答不上来，不禁产生一些动摇。

我们一起吃饭。在饭桌上，她和我谈起：“虽然一直做市场总监，可是我并没有在某个单点上有突出的优势。我没有花过超过三亿的预算；我没有在市场部的某个单点上有突出的案例；我的大部分工作需要团队支持，没有很强的研究能力和输出能力……”

我说：“我曾花很多时间成为一名‘在行’专家，并很快成为这个平台前1%的行家；如果你要做自由职业者，这意味着你没有休息日。自由职业虽然名义上‘自由’，可事实是你随时都要想着工作，只要客户需要，你就没有休假的可能性。”

等等！我为什么要说这些话？虽然都是事实，可是我传递的情绪却是恐惧。

我是如何发现我在传递恐惧和制造焦虑的呢？缘于第二天我收到阿容给我发的一条信息：

> 我刚跟李翔聊完回来，收获很大！原来我最缺的是内心对自己的认可。他说我其实资源很好，能力也足够了，我缺少的是旁边认可我、支持我的人。

李翔是我的朋友，一位专业教练，同时也是“一把钥匙”合作的阅读训练营的主讲老师。

这段信息让我很震惊，我发现我给朋友出的主意都是在泼冷水。我说的这些话，用情绪语言来翻译，就是：“你的路不好走，专家之路很难，你无法付出那么多的时间和精力去做，你不会沉下心来打磨自己的研究能力和输出能力……”

我重新去翻阿容的履历，她曾就职于BAT（百度、阿里巴巴、腾讯）以及硅谷某科技公司——都是顶尖公司的重要岗位，而且一从上家公司出来就能拿offer拿到手软，周围朋友都在问“要不要来我们这儿”，如果这还不是专家，那能被称为“专家”的估计寥寥无几了。

看到“原来我最缺的是内心对自己的认可”这一句话时，我对她说：“你就是专家，你怎么不是专家呢？至少在我眼里，你就是专家！”

## 世界上最有力量的两个词：信念与恐惧

乔·吉拉德是世界第一的汽车销售人员。他曾一年内销售 1 425 辆汽车，这个纪录被收录进《吉尼斯世界纪录大全》，在他写的《怎样销售你自己》（*How to Sell Yourself*）一书中，他讲了一个关于信念与恐惧的故事。

这个故事来自诺曼·文森特·皮尔博士，吉拉德说，皮尔博士是宣讲信念主题的第一人，关于信念，皮尔博士是这么讲述的：“我想告诉你们世界上最有力量的两个词，第一个有 5 个字母，但它却有可以撼动高山的力量。这就是信念。对自己要有信心，对别人要有信心，对你的能力要有信心，对今天要有信心，对你的将来也要有信心。如果你没有的话，谁又会对你有信心？”

紧接着，皮尔又说了世界上最有力量的两个词的另外一个。如果你任由它发展，你的信心可能要被扼杀掉。这个词，由 4 个字母组成。它就是恐惧。接着，他一字一顿地说：

“你担心自己无法成为某些人，你害怕自己做不了某些事，害怕过去以及过去的结果，害怕明天以及明天可能面临的后果，你害怕你可能会失败。”

吉拉德在小时候，不断听到两个声音。一个声音来自他的父亲，另一个声音来自他的母亲。他父亲对他说：“你永远成不了大事，你永远都会失败，你一无是处。”他母亲则告诉他：“要对自己有信心，你是赢家，你可以做到你想要的。”

他父亲传递给他恐惧，他母亲给他信心。

有时候，恐惧的声音会出现：你不可能做得到，你无法成功地把自己销售出去，这个工作太艰巨了，你没有勇气迈出这一步的……

有时候，信心的声音也会出来：你可以做到任何你想做的事，你比自己想象中更有勇气；别人会尊重你和信任你，因为你值得尊重和信任……

35 岁时，吉拉德事业陷入最低谷。法院拿着传票把他的房子收走，银行把他的车子收走，而且他还身负巨债。

他的妻子对他说：“乔，我们当初结婚时也是一无所有。然后，一转眼，我们什么都有了。现在呢，只不过我们又一无所有了。那时我对你有信心，现在我对你同样有信心。你可以再次成功，我相信你！”

吉拉德说，那一刻，他学到一个重要的道理——建立对自己信心的最好方法之一，就是从别人那里去接受它。

吉拉德从头开始，重启建立自信的旅程。他打电话给汽车经销商求职，经销商销售经理叫唐·黑利，黑利见到他时，表现得不耐烦。

"你卖过汽车吗？"

"没有。"

"是什么让你觉得你能胜任这份工作呢？"

"我卖过其他东西——报纸、鞋油、房子、农产品。不过，人们真正买的是我这个人。我卖的是我自己，黑利先生。"

黑利笑了："现在是冬天，吉拉德。业务状况很差。如果我录用你，对其他业务员说不过去。进店里来买车的人已经不多了，我怎么能再分散客户给你呢？"

吉拉德说："黑利先生，如果你不用我，会是你这辈子最大的错误。我不会坐在店里等客人上门。你只要给我一张桌子和一部电话，两个月之内我会打破你旗下最佳业务员的记录，我向你保证。"

于是，黑利在楼上角落给了吉拉德一张脏兮兮的桌子，和一部刚切断又得新接上的电话。吉拉德从零开始。

两个月内，吉拉德实现了当初的承诺，他打破了当地所有销售员的记录。

一年后，他卖出了第 1 425 辆汽车，成为世界第一的汽车零售销售员。

## 突破恐惧，方得自由

在写这本书的过程中，同事向我转述了一位社群伙伴问我的问题：

你想做一位企业家，还是想做一位艺术家？

在创业的进程中，我具有很强的原则性，或者说，有很强的自我。这份原则与自我，可以被挑战，也可以被质疑，但是一件事情一旦敲定，我会 100% 坚持与坚守。

在开办写作训练营一年多时间里，我很少公开写文章，因此行业内有人质疑说：“师北宸，没有出过书，也没有写过 10 万 + 的文章，他的课为什么还卖那么贵？”甚至有行业领袖（通称“大V”）建议：“你一定要先赚钱啊，一年先赚个几百万，这样才能做起来。比如，我一年可以拿十几万预算给你，你可以张罗一群学员来给我们撰稿……”还有人表示不理解：“为什么你们做了一年，还在做写作训练营？别人都搞了好多门课，开了好多训练营。”

……

他们都很关心我，并以不同的方式支持我，可是我要如何让他们更好地理解我们做的事情呢？有一天晚上，我在内部群里写了几段话。

> 我想造一座罗马城。
>
> 如果你是路人，你现在只能看到一栋茅草屋。你会说：“哇，这栋茅草屋好糙、好简陋啊，晚上睡一觉，还漏风。还是不要待在这里了，赶紧走吧。旁边有大厦，我要住在大厦里。”
>
> 如果你是建造者，你会说：“哇！我们第一栋茅草屋终于盖起来了！一年前，这里还是荒草堆，现在，我们有一栋屋子了！”

如果你只想当观光客，欢迎你 10 年以后再来，不过，那时候的你也只能当观光客，游览一下这里的风景，它是你诸多观光打卡的景点之一。

如果你想当建造者，你可以建造一座罗马城。它融入了你的灵魂，你的汗水，以及你和你所有伙伴的心血和情感。它是独一无二的，它是你打造的。

这个世界，只有一座罗马城。它由你书写，你能定义它，你能建造它。

创办写作训练营，我只想做几件事：

- 找到真正持续学习的人。
- 和大家结缘组队一起干项目。
- 完成漂亮的项目，真正拿作品说话。

长跑的过程中，有人掉队，有人加入，有人走了又再来，有人逐渐追上来。反正就慢慢跑呗，跟阿甘一样。

阿容问我："创业以来，你是否后悔过？"

我说："创业的过程中，我沮丧过，痛苦过，开心过，失落过，幸福过，恐惧过。但我从没后悔过。我很庆幸我在 33 岁的时候找到了自己的人生使命，我很庆幸我可以花 50 年的时间，一点点实现它。"

我知道我想要什么，因此能够坚守。当然，我们还面临很多困难。

○ 我们起点很低，大部分团队成员和社群成员都是边工作边学习，可是我们仍然以行业最高标准去自我要求。

○ 我们品牌很小、现金流很少，可是我们对人才无比挑剔。

○ 我们很缺人，每一个热情满满的求职者出现时，我们都渴望他们能进来分担，可是绝大多数人我们只能“谢谢惠顾”。

回到之前那个问题：你想做一位企业家，还是想做一位艺术家？

后来和一位朋友谈起这个话题，她说：“世界上最伟大的企业家都是艺术家，二者并不冲突，反而是合为一体的。”这也是我的答案。

大部分人都被恐惧左右，但少数人可以突破恐惧，追随信念。

突破恐惧，方得自由。

越来越多的人告诉我：推荐你的产品，我特别有信心。因为相信你，所以我推荐起来特别有底气。

那座罗马城就在我眼里。我把它展示了出来，你看到的是罗马城，还是茅草屋？

# “营销”自己的三大案例

这其实是一篇“销售我自己”的文章，2018 年 3 月我开始创业，几个月后写了这篇文章招募同路人。招聘文案其实是销售自己的困难模式，因为你要说服一个人把他的一段很长的时间交给你，这比让一个人掏几百甚至几万元去买产品更难，但也更珍贵。

## 把自己“营销”出去，是你一辈子都在做的事情

从 2017 年写作课上线开始，最早多家合作伙伴对外宣传写作课的文案，是以我写的两三篇文案为底稿的，有三家过了百万销售额。在那之前，我并没有学习过销售文案怎么写。为了宣传课程，一篇五六千字的稿件，我写完之后每天找十几个人问反馈意见，再基于反馈改两三个版本。这样过了半个月，才磨出了两三篇对外宣传文案，一直沿用至今（2019 年 8 月）。也就是说，这些文案不仅助力百万元以上销售额，而且生命周期在两年以上。

在这一章的最后，附上一篇招聘文案和两篇销售文案。

## 招聘文案

### 如果你觉得市面上的在线课程很差劲，欢迎加入我们

如果你觉得标题击中了你，这篇文章就是为你量身定制。

在讲正事儿之前，先和你讲个小故事。

我是师北宸，2018 年春节期间，我正在美国旅行，在即将结束旅行的前几天，我内心回荡着一个声音：回去之后，得赶紧启动项目。我追随这个声音，一步一步实现它。

回到北京，我立马约高洁见面——春节前她刚离开前公司，过去几年高负荷工作，内心的声音和别人的声音冲突、撞击，她在不断思考，究竟自己内心的声音是对的，还是周围人的声音是对的。

春节前第一次和她吃饭，我就知道她是我想找的合作伙伴。

她擅长做社群，我擅长做内容。两年前开始我就想做社群，可是社群运营极其琐碎，既需要对运营流程进行深度设计，又需要对社群给予即时反馈和响应。我喜欢深入思考，对产品做规划和设计，但即时反馈会不断打断我的思考节奏。既要做长远设计，又要兼顾即时性，我做不来。

我选择深入打磨手艺，做一个好的产品胚子。先做好从 0 到 1，可 1 以后怎么办？高洁出现了，她可以帮我在 1 后面加 0。

我们从零开始，抛弃一切套路。我负责底层逻辑设计，她负责用户界面沟通。

2017 年，在黄有璨的介绍下，我认识了“三节课”CEO Luke，Luke在《产品的视角：从热闹到门道》一书的前言里阐述了他的产品哲学：

> 肯尼斯·沃尔兹在《国际政治理论》中提出：结构和过程组成了一切。
>
> 就像产品一样，结构是技术性的，过程是流程化、场景化的。
>
> 我们常常能很深刻地感受技术性的结构、框架、代码、链接，但往往忽视了过程。
>
> 我经常想，一个用户，进入一个产品的系统，就像进入了宇宙的空间结构中。而用户花上一个小时在这个系统里，其实这个用户已经不是当初的用户，而系统也可能不是原来的系统了。因为用户的进来，系统变了；因为对系统的使用，用户也变了。

我把肯尼斯·沃尔兹的那句话改造成：产品，是由结构与过程组成的。

我负责结构设计，高洁帮我把控过程。

正式合作之前，我和她只聊过两三次。而这种默契，从一开始就有。她帮我分担大部分过程的事情，并过滤掉杂质信息，提取有价值的信息；我得以在创业初期依然有很多整块的时间，在设计结构，保持短期进展的同时，思考长远规划。

我对产品的结构设计有好几个层面：

第一层，小颗粒度产品：

- 课程设计
- 任务系统设计
- 配套服务体系
- 反馈机制

第二层，一款教育产品中的MVP[①]：教学练评，全部囊括。

第二层的产品MVP要在第一层各个小颗粒度的基础之上，封装成一套完整的教育培养体系。这中间有无数小细节，需要不断判断，哪个是关键细节，哪个是冗余细节。我们现在已经搭建了一个基本雏形。什么时候才真正搭建好呢？

第一个版本产品设计出来时，我说：“如果我们要修一座万里长城，现在是第一块砖。”现在，大概垒了三块砖吧。

---

① MVP（minimum viable product）是埃里克·莱斯在《精益创业》里提出的概念。简单地说，就是指开发团队通过提供最小化可行产品获取用户反馈，并在这个最小化可行产品上持续快速迭代，直到产品到达一个相对稳定的阶段。MVP对于创业团队来说很重要，可以快速验证团队的目标，快速试错。

第三层，从商业上，不断观察、调整，保证领先市场半步，但又不能离市场太远。

在商业产品实现的路径图上，我们有至少三年的计划，可以按照三个月的颗粒度拆分的计划。没错，我们刚创业三个月，却能画出三年的阶段性路径图。我见过大量A轮、B轮公司，连未来一年、甚至半年计划都拿不出来。

三年的发展路径图不是图纸，而是可落地、可实现的、基于产出的计划。

当然，我的愿景和使命需要很多年才能实现，在此按下不表。

在做好前面这几层设计的同时，我们要完成这些目标。

1. 因为是教育产品，客户从进来到出去，必须有显著变化。他在这必须学到比其他地方多 2 倍，甚至多 10 倍的东西。

谷歌早期的创业方法论就是：不断思考如何给用户提供优于市面 10 倍的体验。

我们是否做到了呢？我先讲理念和逻辑，结果会在后面告诉你。

2. 保证现金流稳定，让我们在短期内没有经济上的后顾之忧，安心做业务。

每个月开一期训练营，接下来每个月开线下课。这只是保证现金流，以及验证MVP、聚拢人气和口碑的手段，训练营和线下课不是我们的核心商业目标和商业模式。它们是能为我们提供现金流的生意，很多想法也需要通过它们来尝试、验证、修正。

什么是我们的商业模式呢？我不想赘述，你可以用这个例子去理解：麦当劳把汉堡作为用户的高频接触点，而它的核心商业模式却是地产。

你可能懂了一点，但还很朦胧。但你或许可以感觉到，我们虽然也在做训练营、在线课程、线下课，但你会发现我们做训练营、在线课程和线下课的方式与很多同行不一样。

3. 保证最基本的短期目标之后，就要不断思考长期目标，把更多的时间用于实现长期目标。

衡量标准是什么？就一条：高杠杆率动作。

比如，为了招生，可以找 10 个人帮我们发朋友圈。短期价值明显，但长远价值极小，不做。

比如，出书。需要花好几个月写作、修改，可是越早出书，杠杆率越高。前期成本高，后续成本低，收益明显。这里的收益包括品牌、收入。质量好，可以带来好口碑、好销量。好口碑，可以为我们吸引客户，甚至人才。

最近我读了微软第三任CEO萨提亚·纳德拉的书《刷新》，他刚上任没多久，让他下定决心抽时间写书的最关键原因是他要让微软发生变化。但是，如何让他的信息传递给微软 10 万员工以及微软的合作伙伴？出书。

很多企业家都是退休后写书，而行动者的思维则是在变革中出书，因为书可以促进想要的变革。

类似这些短期收益不明显，但有长远影响的事情必须做，哪怕我们刚开始创业。

所以，从创业第一天，我就在想：做哪件事情，对 10 年、20 年以后有帮助？而哪件事放在 10 年、20 年后就没价值了？多做对 10 年后依然有价值的事情，尽可能克制自己做那些只对短期有价值的事情。

安心做好产品和服务，其他随之而来。然而，如此佛系的我们却要做产品说明书。你要让用户在推荐的时候，有一个特别形象化的、理解门槛极低的素材，他们才可以真正做到“随手转发”。不要让他们做太多的动作。

动作每多一个，传播率就衰减 90%。

我们选择把时间用于为用户提供转发物料，虽然前期制作成本高，可是后期沟通成本下降了。

我们的卖课文案，删减之后都有六七千字，阅读门槛极高，但客户却追随着口碑而来。第三期训练营，有两位用户给我们介绍了 20 多位学员，我们有 70% 的客户是老用户推荐而来。我们不做分销，不给老用户返点。我们让新用户报老用户的名字打折。

我们不希望吸引逐利的人，我们需要的是真正希望成长并愿意给朋友推荐我们训练营，既能给自己挣面子，还能让朋友享受实惠的人。这是我们做事的理念。

我们是否能像谷歌一样，提供 10 倍的体验？

我无法评价，得客户来评价。有花了 7 万元和 10 多万元买课的骨灰级用户，评价“师北宸写作训练营”是最佳（之一）。

有很多参加过市面上很知名的在线社群和课程的用户私下给我们反馈：“××的社群太差了。”有一句话叫什么来着？没有比较，就没有伤害。

如果有同行看到，请不要介意。我们不是来砸场子的。我大量时间，都和用户泡在一起。因为用户会告诉我他喜欢哪个课，讨厌哪个课，哪个课哪里好，哪个课哪里差，我通过他们可以更精准地了解市场的反馈。

我们只是想好好做产品，服务好客户。做生意的本质，就是把每一个客人都服务好。

我尽可能精简，依然花了数千字和你描述我们在做什么。可能你觉得过于抽象，没关系，欢迎先来体验一下我们的训练营，听一听我的写作课，和我们训练营的任何一位用户聊一聊。

如果你本身对训练营有一些了解，读了今天这篇文章，了解了我阐述的背后的设计哲学与理念，算是撬开了冰山的一小角。如果你能加入，这样我能有更多时间多多阐述。

接下来要招人了，我们需要这几类人：

**一、有志于精进内容的手艺人**

传统的岗位，会明确需要一位公众号编辑、新媒体运营、内容作者。

我们处于非常早期的发展阶段，不需要被职业范式框定的人，而是需要同行人加入，一起制作有价值的内容产品。有价值的内容产品包括（但不限于）：系列课程制作，产出物会是音频、视频的课程，以及图书、公众号的内容。

我对内容手艺人最重要的要求是：

1. 喜欢写东西，而且有志于深入打磨这门手艺；

2. 看到好文章，就想赶紧存下来，而且还会想想：要怎么修剪、打扮一下，才能让它与读者见面？

把内容做得漂亮、得体，让别人看了还想看。

当然，你不是一个人做这些。有我，还有几个小伙伴，我们一起把内容收拾干净利索了，再去和读者大人见面。

传统意义上的岗位描述

- 能做选题，对审美有要求、甚至挑剔，1篇佳作胜过10篇庸作；
- 行动比想法更重要，要有执行力，尤其是对交付的产出物要有要求；
- 有很强的沟通意识，你可能并不是传统意义上沟通能力很好的人，但你要有沟通意识，了解团队其他人在做什么，主动告诉大家你在做什么，这点非常重要；
- 不限学历、专业；

- 学习能力，你要有自我成长和学习的要求和欲望。如果你有好奇心，恭喜你，你不需要所谓的自律和时间管理。

你可能施展的平台：1 万粉丝的公众号、20 万粉丝的公众号和 300 万粉丝的公众号。全都专注于写作、成长、职场。

全职、实习、兼职都可以。坐标北京优先。

请将简历、作品，发邮件到 beichenshi@me.com。

标题请注明：应聘内容编辑——你的姓名。

你如果有任何的疑惑，也可以发邮件咨询。

## 二、有志于精进运营能力的服务者

我对商业的理解很简单：做一个好产品，然后把好产品递到客户手上。

我负责做一个好产品，你要和高洁一起把好产品递给客户。

递给客户手上的过程，至关重要：要微笑，要有礼有节。客户至少要比来之前开心一点儿。

社群运营是服务者。

传统意义上的岗位描述

- 根据社群运营策略和目标，对社群的运营数据负责；
- 核心用户的挖掘和互动，维系社群活跃度，与用户互动和保持联系，制造感兴趣的话题；
- 对内容进行筛选分层，使优质内容得到充分曝光，把合适的内容推荐给感兴趣的用户；

- 深挖客户需求，定期策划线上线下活动，提升用户参与度；
- 综合运用各种运营方式，有效激活用户，增强用户黏性，提升用户活跃度，确保社群用户互动氛围良性提升；
- 善于收集分析运营数据，做市场分析，反馈改进社群产品，推动产品功能优化，提升用户口碑。

加分项：

- 关注人的感受；
- 有网感，重视产出；
- 有策划、文案、编辑等方面的工作或实习经验，有良好的创新能力；
- 具备良好的人际沟通技巧，具有亲和力；思维活跃，积极乐观，工作细心，责任心强，具有较强团队合作精神；能接受挑战并承受一定的工作压力。

你可能施展的平台：写作训练营，知识星球账号，未来的社群课。

全职、实习、兼职都可以。北京地区优先。

请将简历、你对这份职位的看法，发邮件到beichenshi@me.com。

标题请注明：应聘社群运营——你的名字。

### 三、商务拓展人员（BD）

我需要一位商务人员，帮我维护合作伙伴关系——如果你可以建立，那就更好。但目前阶段，维护好合作伙伴关系，就够你忙活一阵子了。

你的核心工作是帮助我分发课程。如果你曾经负责过内容，会有很高的加分。我们的所有合作，都建立在懂内容的基础之上。

如果你没那么懂，但是希望通过做商务逐渐懂一些内容，那也没问题。我会和你一起设计好商务流程，你先帮助我们维护好，以后再逐渐做增量。

传统意义上的岗位描述

- 维护与建立合作关系，在已有合作基础上，加强伙伴关系，保证内部与外部信息的通畅，让伙伴知道我们在做什么，我们可以给伙伴提供什么，以及我们需要伙伴给我们什么支持。
- 沟通意识要强。要务实，不要浮躁，不要夸张，我们能做到 10 分，和别人讲 7 分比较好。虽然我们体量很小，依然要先考虑我们能给合作伙伴带来什么价值，然后考虑我们希望从伙伴那里获得什么价值。利他而利己。
- 关系质量大于关系数量。我们人力有限，体量有限，我们和少量的能彼此认可的合作伙伴发展深入关系，不需要和很多伙伴发展关系。除非我们有足够的人力、资源。

我们不做一锤子买卖，只对自己有利但不能为伙伴带来价值的事情，我们宁可不做。

- 比起嘴皮子，我们更需要你务实，以及替别人考虑，哪怕在外人看起来你嘴笨。
- 我以前也嘴笨，不会说话。现在虽然算不上做得多好，起码能稍微比以前好一些。
- 不限专业、学历、工作年限，但你得对知识付费、在线教育这个行业稍微熟悉一点。基础的行业知识和判断要有。如果你是其他行业的资深商务人员，那也没问题。行业知识你可以很快熟悉的。
- 学习能力，你要有不断自我成长和学习的要求和欲望，甚至是好奇心。如果你有好奇心，恭喜你，你不需要所谓的自律和时间管理。

你可能施展的平台：写作训练营，知识星球账号，未来的社群课。

请将简历、你对这份职位的看法，发邮件到beichenshi@me.com。

标题请注明：应聘商务BD——你的名字。

你如果有任何的疑惑，可以留言或者发邮件咨询。

对不起，写得特别长。稍微多写一点，才有助于加深你对我们的理解。有了理解，大家合拍的可能性更大。

如果你身边有合适的人，请给我们推荐。暂时送不起iPhone，你就当撮合一段姻缘。双方幸福，一辈子都会感激你这个“红娘”。

对了，报名之前，别忘了给我们发简历，或推荐周围的朋友给我们发简历。

我保证，在这里结束。谢谢阅读。

这篇招聘文案发出来一年多之后，一位BAT的高管在筹备内部商学院时问我们是否有课程产品经理的岗位描述。同事把这篇文章推过去做参考，结果对方看完后分享给整个团队，并且邀请我们开展深入合作。那位高管说，他从这篇文案中看到了我们的工匠精神，以及对事情死磕的态度。读完文章他特意叮嘱：一定要坚持做自己，不要去刻意迎合别人。

说实话，创业一年多，绝大部分人看了我们做的事情，都会基于自身经验给出很多的评判和建议。在写文章以及设计产品的时候，我经常觉得，真正的读者、真正的用户在未来——你所写的字，在发出去的那一刻，其实真正读懂的人是极少的。

这也给我造成了很多困扰。不过，自从听完哲学家王东岳先生的课程之后，我释怀了不少。混沌大学李善友教授在推荐王东岳先生的课程时说：“哲学家写的书，往往都在他死后别人才读得懂。我们有幸，能邀请哲学家在有生之年亲自为大家授课。”

与哲学家相比，我的文章只需要等一两年就能碰到真正的读者，也就不值一提了。

## 销售文案

### 如何在200粉丝情况下，写出阅读量8 000的文章？

参加了那么多的“写作课”，你写出了自己真正想写的文章了吗？

我猜你的答案是：并没有。

如果你关注过市面上的写作课，我想你应该看到过这样的课程：

100万粉丝的微信大V告诉你：如何写出10万+的文章？

知名媒体主编和主笔告诉你：如何写出一篇最具社会影响力的特稿？

可现实情况，你的微信公众号只有200个粉丝，其中50个是你的同学，50个是你的同事，10个是你的亲戚，剩下的90个是你费了老大劲发了10条朋友圈攒起来的。

能在最知名的媒体发一篇封面文章，你每天订阅的公众号、你的同事、你的朋友都在朋友圈推荐你的文章，一想到这个场景都兴奋得睡不着觉了。现实情况是，即使你现在转行做媒体，花上10年时间，也不一定能实现这个目标。

你每天要开三个会，跟10个人沟通，回复20封电子邮件，好不容易能在晚上 10 点回家，回去路上下属给你电话说：“不好意思，最新的项目出了点问题。”你又得回去再给他擦屁股。终于能在凌晨 1 点回家睡觉，第二天早上 8 点起来，打开微信，你的老板或投资人给你发的消息，又够你忙上大半天。你完全顾不上欣赏张爱玲或者谁的文风，也不理解这能对你的工作有几毛钱的帮助。

如果你在健身，可能偶尔也会幻想一下，如果能成为施瓦辛格该有多好。但其实你知道你不可能成为他。因为你不可能有“每天花 5 个小时健身，吃 5 顿饭，每顿严格保证营养充足没有油脂，并保证 12 个小时的睡眠”这样的条件和自律。

你没法成为施瓦辛格，可是市面上的写作老师都在信誓旦旦地告诉你：只要做到这几点，你就可以。

骗子。

所以，在写作这件事情上，我知道你真正在意的是：

我有一些年的工作经验，甚至在自己的领域称得上专家式人物，或至少在往专家的方向努力，我希望通过写一些专业文章，在公司中、在行业里塑造自己的影响力。

我的工作（市场公关、销售……）需要与人打交道，如果别人通过我的文章认识了我，我能极大降低与别人的沟通和信任成本，还能撬动更大的资源倾斜到自己的业务上来。

我希望把做过的案例、项目传播给行业，以后融资、跳槽

**的时候，能让自己的身价翻一两番。**

……

在美国，如果你不知道该学什么，那就去学演讲或写作。只要你足够会表达，无论你从事什么工作，都用得上。演讲或写作既是基础技能，又是能为你的职业加杠杆的高阶技能。

贝佐斯和巴菲特让人印象深刻的举动，就是每年的“致股东的一封信”。每年一封信，让投资人坚信这个人和这个公司值得信赖，值得长期持有他们公司的股票。

写作关乎信赖。你不需要最懂写作的人来教你写作，否则你应该直接去读马尔克斯、海明威、菲茨杰拉德、王小波；你需要的是最懂你的人来教你写作——只有了解痛点，对症下药，才能学到自己真正想学的。

百万粉丝大V、职业媒体人以及职业作家，他们可以与写过20万字的同行交流如何写得更好，但他们没办法告诉一个几乎没怎么正经写过文章的人，如何开始写好一篇文章，以及如何持续写出能表达自己专业观点和素养的文章。他们没有面临过与你同样的处境，无法给你有针对性的解决方案。

过去三年里，我和数百个希望学习写作的学员一对一地聊过。这些学员包括上市公司市场总监，国际公关公司客户总监，创业公司创始人，上市公司创始人，创业公司商务负责人，律师事务所合伙人，外企市场经理，互联网公司产品经理，知名风险投资人以及百万粉丝微信号创始人……

姬十三，果壳网、在行和分答创始人：

写作是梳理思路、表达观点能力的集中体现。建议每个创始人都重塑一下写作能力。

唐春霞，长江商学院教育发展基金会秘书长：

和人的成长息息相关的三件事：重大的决策、有价值的交流、有深度的思考，这三件事都可以通过写作来完善。北宸在写作上进行了深入思考，总结了很好的方法，并在教授写作上相当有经验。希望大家在成长路上，分享精彩给他人，享受写作的乐趣，也把自己写成一本精彩的书！

剽悍一只猫，百万粉丝微信公号创始人，简书与领英签约专栏作家：

一开始很好奇，为何这位老师收费比其他人高出一大截？见面后才知道，值，太值了！哈哈！我打10分！

元菲，持续创业者：

北宸老师是我见过的二十多个行家里面让我受益最大、最认真的导师。我们每一次漂亮的转身背后都是千万次磨砺和一份沉得住气的执着。身处浮躁社会，一份短期内投入产出比不那么高的积累，却可能给你的人生机遇埋下重重的伏笔。避免过高的预期比自我鞭策撕裂式成长更加稳健。谢谢北宸老师的分享！

王焱鑫，上市公司市场总监：

关于写作这件事我纠结了很久，一直想重拾写作习惯，但是由于时间、思路、主题等屡屡受挫。师老师对我的三大困惑一一深度剖析，并给出了解决方案和建议，还拿自己的案例来演示和解释。最后，还给出了轻量版的写作练习建议，以及写作指导经典文献。与师老师交流过后，头脑、意识、工具都已被全副武装，接下来就要靠自己拿起键盘操练起来了！不愧是“在行”火爆行家，五星推荐！

有数百个“临床”案例的好处是，你在写作中碰到的 90% 的问题我都知道，且有解决方案。

在我看来，你不应该去学习如何写一篇社会报道或者如何去做采访，因为你的目标不是成为职业记者。你也不应该去学习“如何写出一篇10万+的文章”，如果你有100万的粉丝，即使你写一个“屁”字，也能有10万+的阅读量。很可惜，你只有200个粉丝，你让那些100万粉丝的大V写一篇文章发到你的微信公号里，大概率上这篇文章的阅读量不会超过2 000。

我能做什么呢？

我能告诉你，如何在200个粉丝的情况下，写出一篇转发和阅读量达到8 000的文章。

我能告诉你，如何通过一篇文章带动200封简历，并在一个月之内，帮助一个部门招到近10个员工。

这些事情我曾经都做到过。我在27岁时成为最年轻的凤凰科技主编，并通过一篇招聘文章，成功招聘到了我的继任主编人选。在离开主编岗位之后，他已经成为上市公司的市场总监，现在还不到30岁。

在正式教授写作技巧之前，我会花一些时间阐述写作的价值和意义：太多人在盲目追求“干货”，却忽略了学习到的“干货”究竟有什么用。事实上，很多人并不知道自己学到的东西原来有那么大的价值。只有理解并熟练运用自己所学之术，才能真正义无反顾且坚定专注地练习和践行，认真践行才会有真正的效果。

在正式教授写作技巧之前，我还会花一些时间告诉你如何解决那些妨碍你写作的借口；然后再告诉你如何写作、如何写得更好，以及如何建立持续写作的习惯。

过去三年，我与数百位学员做过一对一的写作咨询和线下交流。我在“在行”一对一的写作课，即使已经提价到 4 500 元，每个月还有不少人来约。在这三年的时间里，我梳理了所有学员的困惑，并在查阅数十本与写作、表达、心理学相关的书籍之后，打磨出这一套写作课程。

你可能想学习如何做PPT，学习理财，学习设计……但无论你是初入职场，还是迈入中层管理之列，或已成为高管，都应该仔细想想：哪些技能是需要且必须在未来职场生涯中持续学习和精进的？相比于做PPT、理财和设计，写作才是更好的选项。好在，任何时候开始都不晚。

### 销售文案

## 不怕学习过 10 000 种腿法的人，怕的是把一种腿法练习 10 000 次的人

过去四年，我接触了大量学习写作的学员，通过对他们的观察和与他们的交谈，我发现大家在写作上有非常多的困扰。

一篇文章洋洋洒洒写了几千字，发出去之后，发现自己想讲的东西，别人没明白——显然这不是读者理解能力有问题，而是表达太啰唆，而且思路不清，逻辑混乱。

开公众号两年半，更新了三篇文章。然后，再也没有然后了。

写工作汇报，每次交上去，都杳无音信，或者被老板打回来。打回来的时候，老板问：你究竟想讲什么？

部门开会时发言，你巴拉巴拉讲了 10 分钟，下面没有任何反应，有人看起来快要睡着了。

如果你有以上这些症状，那说明你的表现非常正常——正常的意思是，很多人都这样。

“正常”的另一个含义有点伤人，就是“一般”“普通”“和别人一样”以及“平庸”。你在表达与沟通上不出彩，可能也不是最吃亏的那个，你觉得需要提升，又好像也没那么迫切，但是每次老板、同事、朋友说起来，却觉得自己的心又被轻轻地扎了一下。

老被扎心不好受。

如果你是做运营的，偶尔帮老板订机票酒店被老板说：“让你来安排，我就别想出门了。”这种情况其实还能接受。你毕竟专业做运营，不是老板的秘书。

可是如果你是做运营的，却老是被用户说文案看不懂，每次都要返工修改五六次，那你就要好好下功夫学习怎么写文案了。

2018 年春节后，有一位学员被老板骂了之后，马上来报写作课。今年（2019 年）刚过完春节，她给我写了一篇上万字的卖课文案，希望推荐给更多的用户来报“师北宸写作课”。在这篇卖课文案里，她写了十几个为什么要购买特斯拉的理由，也写了十几个为什么要买师北宸写作课的理由。谢谢她的高抬，在她眼里，师北宸写作课相当于汽车界的特斯拉。

这一门课从 2017 年年初开始筹备，2018 年开始研发，2019 年初推出，2019 年上半年分别做了两次大版本的迭代和优化。这一门课程课时量不到三小时，我优化了一年多。很多电影的周期是花一年筹备、拍摄、制作，最后上映的时长也就两个多小时。这门课也如此。课时量看似不多，但其中每一个点都是深思熟虑并不断打磨优化后的结果。

这门写作课从一开始就与市面上的写作课有所不同。某一线平台的朋友说，他们内部调研了当时市面上的写作课，课程体系设计都不及格，基本上是“攒巴攒巴就上线了”。

市面上其他写作课还有一个特点——标题党：标题的 10 个技巧，文章开头的 5 种方法，文章结构的 8 个模式，写出 10 万 + 的 12 种技巧。还有更唬人的：如何通过业余写作月赚两万……

看起来全是知识点、技巧点，看起来只需要花 39 元、69 元，你就能月赚两万，还是下班后用业余时间赚到，不禁心痒。于是，这位卖课的老师靠你业余月赚两万，而你转而又买了另一门“如何快速裂变，月增 5 万粉丝”的课程。

和市面上这些写作课不同的是，这门写作课——我们把它命名为“逻辑写作课”，有非常多的“不承诺”。

- 不承诺你学完立刻能赚钱
- 不承诺你学完就能写出 10 万+
- 不承诺你能学到几十个技巧点、知识点

那这门课又能承诺些什么呢？我想大概有以下 3 点。

**1. 真正有效的写作方法——万能写作法**

李小龙说：“我不怕学习过 10 000 种腿法的人，我怕的是把一种腿法练习 10 000 次的人。”市面上的课程，教了你 10 000 种方法，每一种你都学了一遍，而每一种你都没学好。

请你回忆一下，当你去学游泳的时候，老师教过你几种游泳的姿势和方法？为了学好一种姿势（比如自由泳），你花了多少时间才能做到换气的时候不被水呛到？

你去健身房，为了练好一个动作，教练会花多少时间和你讲解，讲解完之后你又要花多少时间练习？如果他讲解三分钟，你可能得每天练 30 分钟，然后练上三周，才能掌握吧。

写作也一样。你不需要学习那么多方法，重要的是，你要把一种方法学到位，练习到位。我总结过一句话：听课五分钟，练习一小时。

师北宸的逻辑写作课会教你万能写作法，这个写作方法适用于 99% 的写作场景。你也只需要学习这一个方法。

你可能对只学一个方法存疑，有一位把课程反复看了 6 遍的同学，谈了自己的理解，我非常同意他的解读：

> 在视频教程中，当老师谈到万能写作法是本课程的唯一写作方法时，让我回想起在第一次直播过程中有同学提出“如果每一篇文章都应用相同的方法，写出来的文章是否会没有特点”这一问题。相信训练营中其他小伙伴也有着同样的疑问，说实话，那时这个问题也引起了我的共鸣和思考。
>
> 昨天听了老师在视频教程中对于“方法唯一的必要性”的论述后，我发现万能写作法的方法和理念与我现在的工作有着相似之处，进一步对比思考后，瞬间茅塞顿开，得出

这样的结论：“方法的唯一”并不会妨碍作品间的差异化。

从汽车产品开发策略角度上来讲，“多车型共平台”（在同一底盘架构上开发不同的车型）的开发策略是目前行业的主流做法。最具代表性的就是大众MQB（大众集团最新的模置发动机模块化平台）平台车型，在MQB这一平台架构上，大众总共开发出28款产品，产品类型有三厢轿车、两厢轿车、SUV（运动型实用汽车）、MPV（多用途车）、轿跑等多种形式，通俗点讲，这28款车型看不见的地方都是一样的，看得见的地方都不一样。可见基于同一平台，通过不同的造型和配置，就可以产生具有足够差异的产品。

同理，如果把万能写作法比作“看不见”的底盘架构，把“内容和表达方式”比作“看得见”的配置和造型，那同样可以形成各具特色的文章作品。

我根本不懂“MQB平台车型”是什么意思，相信你也不需要懂但也能明白他在表达什么。用更精练的一句话就是：万能写作法是一个内核，写作技巧是各种“界面”。学好内核，一通百通。

**2. 表达有重点，沟通更高效**

万能写作法的核心是练习两个基本元素：观点与案例。

请想一想，你日常工作和生活中，需要用到写作的场景里，都有哪些写作体裁？按照小时候学习的作文分类，基本上离不开这两类：说明文、议论文。

什么是说明文？你要在网上把你现在的房子转租出去，或者转让一个二手电脑，或者去求职、见客户，你是不是得把你要转的房子、要卖的二手电脑、要推销的自己，都写清楚？我看过很多人即使工作了 10 年，让他写一下工作描述，都写不清楚。

说明文，要把事儿讲清楚、讲明白。

什么是议论文？你想到一个好的点子，去跟老板讲，结果被老板“拍”了回来。然后你委屈，跟同事吐槽，大骂老板，听不进建议。可是你知道吗，他没听，是因为你没有给他讲明白为什么他要花时间、精力去做。

这时候，你讲完一个道理，就需要讲故事、摆数据甚至还要分析论证，为什么做这件事情对公司有利，为什么做这件事情比做其他事情收益更大。你如果跟老板把收益和价值讲清楚，这就相当于“给他一个无法拒绝的理由”。

《教父》有最出名的一句台词——给他一个无法拒绝的理由。学会万能写作法，学会给对方一个无法拒绝的理由。

**3. 沟通表达的底层逻辑**

万能写作法在写作中的位置，大概相当于咱们小学时学习的

“算术口诀表”。“算术口诀表”就是加减乘除，我们现在回过头去看，它看起来很简单对不对？可是这么简单的加减乘除，你花了多少时间才熟练掌握？——6年。

“算术口诀表”还有一个特点。单独看非常简单，可是组合运用就会变得无比复杂。数学和物理两个学科，都要以“算术口诀表”作为基础构建。

万能写作法相当于写作领域的“算术口诀表”，是写作大厦的地基，是学会写作的底层逻辑。学习底层逻辑，你花再多时间在上面都不浪费，花越多时间在上面，对你未来的成长和精进就越有帮助。

很多做新媒体的同学来找到我，说他们非常焦虑。他们写出过不少10万+的文章，可是他们看到我出身于“传统媒体”的背景，觉得非常羡慕。他们的焦虑和不安我非常了解：用户口味变化极快，热点一天更替三次、甚至反转三次，刚把一个热点研究清楚，热度就已经过去了。

对他们来说，追热点找死，不追热点等死。

学会底层逻辑的好处是，可以不用为热点所累。我们可以选择写一篇10年以后依然有价值的文章，它也许当时没有10万+，但它的价值是逐年递增的。而10万+呢？很多10+文章价值最大的时刻，就是发布的那一刻。发布完之后，它的价值开始衰减。

我用了一年多时间来制作“逻辑写作课”这门小课，这门小课在未来的十年都不会过时。有些人一个月就能制作出一门课，但这门课你学完就过时了。

此外，在这门课里我还会教你如何拆解。《啊，设计！》是日本出品的一部非常优秀的讲述设计的纪录片，在这部纪录片里，无印良品的设计师原研哉、深泽直人都谈到了优秀设计的重要理念：拆解。他们在设计伟大的产品时，灵感都来源于现实生活。这些灵感并不是毫无来由地“灵光乍现”，而是来源于日常的积累，而这个积累则来源于不断地拆解。

拆解是学习技能的底层思维。要学会写文章，先去拆解最优秀作者的作品。你如果喜欢村上春树，去拆解村上春树的作品吧；你如果喜欢“三节课”的文章，去拆解“三节课”公众号发的文章；你如果喜欢智族或新世相，去拆解智族或新世相的文章。如果你希望去三节课、智族或新世相求职，你还可以把你拆解之后的作品发过去。他们看到后肯定会想找你聊一聊。

这门课不承诺你学完就能升职加薪，但相信我，你认真学习、认真践行，生活一定会有变化。

一天，一位新加坡学员在群里说：“我从 1 月 9 号到 2 月 13 号，脂肪降了 5.2 千克，肌肉增加了 2.7 千克，有人嫉妒吗？”

大家非常好奇，问她怎么做到的？她继续说：

“我发现我的游泳教练才是拆解大神，我以前一直觉得我会自由泳，只是游不快，他把动作拆解完后让我做，我发现我根本不会游。然后按照他的方法练了两次，现在游得挺好。”

再后来，她去翻自己的笔记本，找到了最初在写作训练营里受到的启发，学习在生活中运用拆解思维。

她的女儿在上高中，一心想考剑桥大学，她把自己的女儿也送到了我的写作课上。

在这门写作课上，没有 100 个技巧，学不会 10 万+，也很难让你立马升职加薪。

我无法代替学员去学、去练。如果你不认真练，我没有任何办法，我也无法给出任何承诺。

我唯一能确认的是，如果你想真正学习写作，真正学会一点东西，真正学会学习，我会保证把课做好，剩下的，就靠你了。

感谢你的阅读，我们写作课上见。

# 第四章

## 笔是你的利刃，纸是你的战袍

在这一章中，我会用很长的篇幅谈论写日记——看起来特别稀松平常，很多人小时候才做的事。

如果说写作是投入产出比最高的一项能力，那写日记大概是投入产出比最高的一项写作行为。每天 5 分钟，如果你能持续写一周、一个月……一定有效果。

我们来看看这几段日记：

> 十月初七日
>
> 本日说话太多，吃烟太多，故致困乏，都检点不出来，自治之疏甚矣！
>
> 十月二十九日
>
> 自戒烟以来，心神彷徨，几若无主，遏[①]欲之难，类如此矣！
>
> 十一月十六日
>
> 余须戒：吃烟，妄语，房闼[②]不敬。

上面这几条与戒烟做斗争的记载，出自曾国藩的日记。通过这几段

---

① 意为“阻止”“抑制”。

② 意为房间、闺房。

日记或许你也能看出来，这里的日记和以往我们认知里的日记不同：以往认知里的日记是流水账，而曾国藩的日记记录的则是自我反思。

这个小故事告诉我们，即使是曾国藩这样对自己要求极高，并且在世俗意义上取得了极高成就的人，在与坏习惯做斗争的过程中也是非常痛苦的。

人们都会犯错，第一种错是人类无法理解和掌控的因素造成的，即无知之错。例如我们至今无法准确预测地震的到来，然而我们可以在地震高发地区设计抗震的房子。如果 5 级地震震倒了本该扛得住 7 级地震的房子，或者在地震高发地带盖房子，则犯了第二种错误：无能之错。无能之错并非因为没有掌握相关的知识，而是由没有正确使用这些知识所致。无知之错我们无力避免，而无能之错则无法被原谅。

通过曾国藩的日记，我们可以窥见曾国藩与自我的斗争。我们平时在工作中，又何尝不需要与自己的懒惰、情绪低落、犯错做斗争？每天写日记，是避免无能之错的有力武器，我们应该好好用起来。

在“一把钥匙”团队内部，有一个“每日工作清单”群，在很长一段时间里，团队成员每天上班第一件事，就是把当天的工作计划和安排写好发到群里。一方面梳理自己当天要做的事情，另一方面让团队内部互相了解其他人在做些什么。

因为长期写作的关系，我有随时随地做笔记的习惯。因为每天有许多不同类型的任务，比如见人、跑步、写书、录制课程、讲课、与老师和平台方洽谈合作、在写作训练营给学员答疑、娱乐等，我也养成了每天做日程安排的习惯。这两个习惯，让我受益匪浅。

你可能是全职太太、大学生，或者自由职业者，但你依然可以为自己安排工作或者任务。有些人喜欢在晚上写日记，但我比较推荐早上花 5 分钟认真写日记。

有一本书叫《晨间日记的奇迹》，作者佐藤传总结了早上写日记的很多好处。

○ 可以做好一天的准备。（计划性）

○ 可以准确地写出昨天所发生的事情。（效率性＆忠实性）

○ 冷静思考前一天的事情，可以中立地看待事情。（中立性）

○ 对于一个午餐和晚餐都要忙于迎合客户的上班族来说，早上是自己最自由自在的个人时间，不会让写日记的习惯中断。（持续性）

○ 可以将过去宝贵的经验，运用在当天。（灵活运用性）

我知道，在一线城市工作的年轻人中，很多人是"夜猫子"，睡到上午很晚才起来，昏昏沉沉需要好几个小时才能进入状态，到了晚上才有精神。对于"夜猫子"而言，这些好处依然适用——别人的傍晚就是你的早晨。

只在早上写日记是不太够的，更重要的是在日记里写了什么内容。有些人把日记写成流水账，单纯把头一天做了什么事情记录下来，这不是合格的日记。

好的日记要包含以下内容：

○ 当天任务。列出任务后，界定每一项任务的权重。

○ 觉察情绪，并且反思。

痛苦+反思+行动=进步。痛苦是情绪感受，反思是理性分析，分析之后要有行动，只有这样才能让我们真正进步。

其实每个人都很容易看到别人的缺点，却常常忽视自己身上的不足。写日记是一个很好的自我反思的方法，不仅可以避免将自己的缺陷暴露给别人，还可以让自己面对自己。

写日记既不是流水账，也不是单纯的情绪发泄。事实上它非常有利于我们的身心健康。我们可以在日记中表露情绪状态，但是如果只有情绪表达而没有反思和行动的记录，写日记就容易变成一种抱委屈和吐槽的手段，很难让你产生积极的改变。

## 试着给任务分类

把当天任务列出来之后，试着给它们分别界定权重，或者分清主次。斯科特·扬是一位特别高效的学习者，他曾经在 1 年内自学完成麻省理工学院计算机科学 4 年的 33 门课程，并且出版了多本时间管理和自我成长类图书。他分享了许多特别实用的方法，比如，关于时间管理，他建议将任务分成三类：第一类任务是对未来将产生超过 5 年的深远影响的任务，第二类任务是对未来的影响超过 6 个月的任务，第三类任务是对未来的影响短于 6 个月的任务。

如果你写了一天的任务，不妨给自己的任务权重进行分类。当然，你接下来可能会碰到一个问题，即如何界定每一类任务的权重。以我为例，以下是我列的几项任务：

○ 创作这本书。
○ 为合作伙伴录制一节公开课。
○ 发三条朋友圈。
○ 在“师北宸写作训练营”答疑一小时。
○ 为朋友的书写一篇推荐序。
○ 面试一位候选人。
○ 发一篇微信公众号文章。

在我给出答案之前，你会怎么给这些任务分类？在分类之前，我给每一项任务的影响权重做了以下界定：创作这本书和写一篇推荐序，是会对未来产生超过 5 年深远影响的任务；为合作伙伴录制一节公开课以及面试一位候选人，对未来的影响将超过 6 个月——当然，如果候选人特别匹配或者不匹配招聘要求，也有可能影响会短于 6 个月或者是超过 5 年；发三条朋友圈、一篇微信公众号文章以及在写作训练营答疑，影响时间短于 6 个月。

你可能写过工作计划或工作总结，但你是否给每一项工作的影响程度做过分类呢？传统的时间管理有一个很大的问题——看似分配好了时间，却并不一定分配好了精力。给任务分类的意义就在于，你要学会判断每天要如何分配自己的精力。

如果你短期现金流比较稳定，并不急于在短期内实现一个特别具体的目标，你可以把 50%甚至 70%的精力用于实现长期目标。但如果你平时的大部分工作时间都用来处理紧急和突发的事件，那可能你大部分的精力都要用来解决短期任务。

很多人经常面对突发任务，比如老板临时指派的工作。“选择自己”的创始人Kyle，是 90 后中非常出色的时间管理培训老师。他说，讲时间管理课讲久了之后发现一个很关键的问题——很多人无法自由掌控自己的时间。时间管理课讲到最后，都要把别人讲辞职了。后来，他中止了时间管理培训，因为，如果你的时间不属于自己，那时间管理根本无从谈起。

在这种状况下，时间只能靠挤。每天提前两个小时起床，周末把能安排的时间都充分利用上，这样才能拥有一些自由掌控的时间。

还有一类情况是，如果你要在 6 个月内突击一门考试或者拿下一个证书，那么你绝大部分的精力都应聚焦于 6 个月以内的任务。当然，这时候你可以自行定义每一项任务分类的颗粒度，比如 1 个月、3 个月、6 个月。

给每一类任务界定权重最重要的意义在于，你很明确你所做的每一件事情，并且清醒地知道你做的每一件事情都意味着什么。这很重要。

## 每天反思：痛苦+反思+行动=进步

《论语》有云："吾日三省吾身。""温故而知新，可以为师矣。""见贤思齐焉，见不贤而内自省也。"

在我看来，这几句话都在强调自省的重要性。自省，就是自我反思。自我反思是自我成长和自我学习。很多人对"学习"的理解存在误区。"今天学到了三个知识点，好开心！"你翻开经济学教材，学到几个概念，了解了以前未曾了解的领域——当然，这非常重要。可是，如果只是把学习定位为学到新知识点，难免让自己陷入自我局限之中。

我认为学习更底层的逻辑是发现自己的心智模式[①]，识别它，在不同的环境中运用它。只有这样，你才能往自己身体内不断注入新的知识、思想甚至是智慧。

这一句话读起来特别简单，可是据我观察，很多人没有养成自我反思的习惯。当我们看到别人的缺点和不足时，倒是能第一时间指出来。比如我就时常去看别人做得不好的地方，这也是我要不断迭代的方面。

在《原则》一书中，瑞·达利欧写了一个成长公式：

① 心智模式（Mental Model）是苏格兰心理学家肯尼思·克雷克在1943年首次提出的。彼得·圣吉将其定义为：根深蒂固存在于人们心中，影响人们如何理解这个世界（包括我们自己、他人、组织和整个世界），以及如何采取行动的诸多假设、成见、逻辑、规则，甚至图像、印象等。从本质上看，心智模式是人们在大脑中构建起来的认知外部现实世界的"模型"，它会影响人们的观察、思考以及行动。

痛苦+反思=进步

我给这个公式加了一项：

痛苦+反思+行动=进步

如果你在过去十年里没有好好锻炼过，决定从现在开始跑步，那么刚跑上几百米，你或许就体验到了痛苦。这时候，你要停下来，还是继续跑？在锻炼的过程中如果碰到痛苦就停、就躲，你很难拥有一个健康的身体。如果你把痛苦视为幸运，那么恭喜，你开始进步了。

痛苦本身没有好坏之分，它只是一个信号，这个信号透露了很多的信息。身体和精神上不舒服，想放弃，想躲避，这是生物本能。接下来，你可以想一想："咦，我能不能从痛苦上学到一点什么？"再接下来，你还可以想一想："学到之后，我能做点什么？"

假如人类没有大脑，碰到痛苦的反应可能是逃避；幸好人类有大脑，可以帮助我们反思，甚至能让我们在反思之后行动起来。

跑步的过程伴随着痛苦，我们可以不断告诉自己：痛苦是一个幸运的信号，它在让我成长；我要做的是迎接它，而不是逃避它。

我们每个人都有选择权，选择逃避或者迎接。生物的本能是趋利避害——这是一种自我保护机制。可是在学习过程中不断逃避，只会让我们停滞不前。

网络上曾经有一个非常热门的视频，NBA球星科比·布莱恩特在球场边线以便阻挡、拦截对方发球队员的球，对方队员在发球前以非常快的速度做出往科比眼前砸的动作——科比竟然像没看到一样，眨眼速度和面部表情几乎没有变化。这个视频从国外疯传到国内，大家都惊讶于科比的反应。长期的训练，让他克服了生物的本能反应，不会轻易被对手假动作骗到。

这个小小的案例告诉我们，迎接痛苦的最好方式是面对它。写日记就是一种面对，接下来迎接它，挑战它，战胜它。

在痛苦中学习，你会感受到真正的喜悦。

我们每次讲完一次课、做完一次活动，都会"原地复盘"。所谓"原地复盘"就是立即开会讨论，总结经验教训并讨论未来要如何改进。有时候讲完课回来已经晚上 10 点多了，我们甚至会讨论到深夜 12 点、1 点；早上还会进一步反思，然后把复盘的结果发到群里同步给每个人。每个人讲一讲这次活动有哪些可取之处，哪些地方需要改进，下一次立即调整。

我们的写作训练营社群中也是如此，每一位助教和班长养成了每天写复盘总结的习惯。

经常有学员跟我反馈："我的同事告诉我，一周不见，我又有变化。"

每周都发生身边的人可以感知到的变化，这就是进步。

习惯自我反思之后，你会发现自己不断被打击，这是好事——我们开始从愚昧走向自知。

在心理学中，有一种叫"邓宁–克鲁格心理效应"（Dunning-Kruger effect）的认知偏差现象，指的是能力欠缺的人在自己欠考虑的决定的基础上得出错误结论，但是无法正确认识到自身的不足，辨别错误行为。这些能力欠缺者沉浸在自己营造的虚幻的优势之中，常常高估自己的能力水平，却无法客观评价他人的能力。在“邓宁–克鲁格心理效应”中，一个人从愚昧山峰到开悟之巅，会经历四个阶段：不知道自己不知道—知道自己不知道—知道自己知道—不知道自己知道（见图 4–1）。

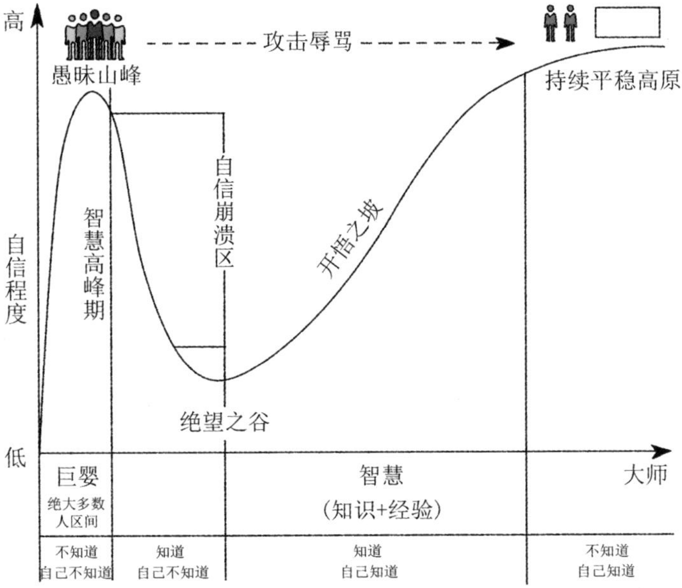


图 4–1 邓宁–克鲁格心理效应

你知道大部分的人都处于哪个阶段吗？——第一阶段：不知道自己不知道。

我不知道自己处于哪一个阶段，但自从创业之后，开始承认我有越来越多的“不知道”。如何给自己的课程做营销？我不知道。如何让自己的课程被更多人接受？我不知道。乃至如何赚钱，我也不知道。要是放在以前，别人问我一个问题，我能迅速给出答案，方法和案例一应俱全。而现在我会多问自己几个问题：这样的方法在这样的情境下可行吗？这是唯一的方法吗？有没有更好的方法？甚至在线下私房课中，经常上各种课程的同行评价我说：“你是我见过说‘不知道’最多的讲师，也是展示自己弱点最多的讲师。”

几个问题追问下来，在大多数情况下我只能老老实实做一件事：做更多的研究和了解，投入更多的时间把事情做到极致。然后不断和同行探讨，看看自己做出来的东西在市场中大概处于什么位置和水平。我一直尽可能客观地认清自己究竟知道些什么。

反思，其实是一个不断“知道自己不知道”的过程，知道了自己不知道什么，然后再努力把自己的“不知道”弄得更明白一点。这时候就会离自知，乃至开悟更近一点。怎么知道自己是否处于愚昧山峰呢？举一个我愚昧又自负的例子吧。

2016 年，在公关公司做合伙人的我鄙视其他公关公司，甚至面对全公司说过一句话：“我从没读过任何一本和公关相关的书，因为将来我们写的会是最好的。”

几年前的我，一个PPT讲一年，内容几乎没有变化，而且也不找同行的书和课程虚心学习。听到别人说同行哪里不错的时候，总会有一种骄傲的心态，甚至下意识地反对别人的说法。这实在是过于狂妄。

现在的我，会把市面上绝大多数教写作的书都买来认真读一遍，会每天思考哪一个知识点用哪个案例讲述更好，会做500页PPT，又砍到300页，再砍到150页，最后做出一门精致的小课；会时不时做市场调研，通过同行和学员的反馈——尤其是行业重度用户和同行的反馈，来不断锚定自己在这个行业中的真实位置。

这一转变让我放下自己的骄傲，尽量以一种客观、理性的视角，全面听取别人的看法，并且努力关注那些可信度高且与自己观点不一致的看法，除了听对方的观点以外，还要重点听对方的思考过程和推理过程。

现在回头看，那时候的自己竟然能讲出这种话来，真是觉得汗颜。此后，每当自己的骄傲抬头，脑子里马上又会有一个声音告诉自己：虚心点儿吧，你懂的太少了，嘚瑟什么？

自我反思并不容易，但只有面对，才能让我们变得更好。

## 除了写日记，还要随时随地记笔记

无论你是读书，还是与别人交谈，抑或是听在线课程，都可以随时记录。有时候我在和别人吃饭时，聊着聊着就掏出笔和本子来，把对方吓一跳。朋友说："我就是随便说说，你弄得这么正式，搞得我好紧张。"其实，你的认真会让对方觉得受到尊重，因为你很珍惜对方说的话和他的时间。

曾经有一位媒体主编和我谈到许知远，他说许知远让他印象最为深刻的细节就是，在一次聚餐中，许知远掏出笔记本认真记录他们的谈话。

这种随手记笔记的方式，可以让你随时随地捕捉灵感、积累收获。

很多信息如果不记录下来，别说过几天，很可能当天晚上回去想记录的时候，都已经记不起来了。

有一次我去听伊娃教练的课程，朋友很热心地在课程开始前安排我们一起吃午餐，在场的还有一位知名投行的人力资源负责人在场。这位负责人想邀请伊娃教练做一场培训，并想长期聘请她给公司高管当教练。在这次午餐会上，伊娃老师对那位负责人说：

> 教练的目的，是让人变得越来越好。怎么理解这句话呢？比如，你们公司最强的销售人员可能认为自己已经是最强的了，公司也觉得他已经做到最好，那他是不是可以带一带其他销售人员？
>
> 我觉得其实更应该开发这位顶级销售人员做教练，激发他的潜能。如果他的业绩提升10%，于他、于公司都有好处。他的成长，也会刺激其他销售人员更加努力提高业绩。

吃完午餐，在下午的课程中，我又听伊娃老师介绍了做教练的方法，其中有三个“不”：不评价，不分析，不建议。核心方法只有一个——发问。

不像提供建议的咨询师，教练通过发问帮助客户找到答案和解决方法。

我当时在笔记本里记录了这么几行字：

目的：让人变得越来越好。

案例：顶级销售人员。

三不：不评价，不分析，不建议。

方法：发问。

后来我分享给同事清风，清风当时负责班长的运营管理，每天会根据班长提交的复盘日志提供改进建议。而她的工作也常常受阻：对方会固执地坚持自己的做事方法，不愿调整。

清风把给建议调整为发问，很快产生了效果。班长们开始有意识地去借鉴别人的方法，思考自己的方法是否有改进的余地，接着，他们开始调整自己的动作……

每个人都是按照自己内心已有的那个想法行事，并不是你灌输给他一个想法，他就能够立即接受的。想象一下，你小的时候，屋子里乱七八糟，你妈对你说："屋子里太乱了，赶紧收拾一下！"你会因为你妈妈让你收拾屋子，就去收拾吗？

在大部分情况下，答案都是：不会。

其实每个人内心深处都很叛逆，每个人都不愿意接受被强行灌输的道理，但是每个人都愿意做自己想做的事情。发问，可以帮助每个人找到自己想做的事情，接下来的运营和管理都变得容易多了。

关于如何从午餐会中偷师，你只需要养成一个习惯：随时随地记笔记。

## 李敖笔记整理法

关于随时随地记笔记，你可能会有疑问：随手记的东西会不会太散乱，要怎么整理呢？

我上大学的时候很喜欢一档电视节目——《李敖有话说》，李敖出过 100 多本书，共 3 000 多万字。在一期节目中，他专门分享了做笔记的方法。

李敖买书有一个习惯：一种书买两本。在阅读过程中，碰上觉得有价值的资料，他就用剪刀把资料剪下来。如果同一页的两面都有需要的资料，就把第一本书用来剪下正面的资料，第二本书用来剪下背面的资料。

剪好之后，他就把资料放在文件夹里。每一个文件夹都贴上标签，然后把文件夹分门别类放到书柜上。当他写作需要用到某一类资料时，就找出来。

他生活在纸质书时代，即便晚年遇到互联网，依然保持着这样的习惯。在电子时代，你也可以使用印象笔记、有道云笔记或者任何一款笔记软件学习李敖的笔记整理法。譬如，当你阅读一本书的时候，可以把需要的资料复制下来，粘贴到印象笔记中，然后打上标签，放在一个文件夹里。电子工具比纸质工具更方便的地方在于搜索。如果你使用 Kindle、iBooks 电子书，甚至可以批量导出阅读笔记。当然，这需要运用一定技巧。至于如何运用，可以自行到网上搜索一下教程。

我是忠实的互联网科技追随者，对市面上的电子产品、电脑软件和手机软件，我都抱有极大的兴趣和热情一一试玩，而且还写过不少测评报告。我刚开始写作的时候，有些书甚至会做好几万字笔记，少的也有几千字，几年下来，积累了 100 多本读书笔记。再加上平常在网上阅读时也有随手做笔记的习惯，我的印象笔记里，积累了超过一万条笔记。

但是，从 2018 年下半年开始，我回归了手写笔记。有一些书即使有电子版，我也会买来纸质版本或者自行打印一份，然后像李敖一样把资料剪下来，分门别类放在文件袋里。

当我学习一门课程（比如王东岳老师的“东西方文化溯源与东西方哲学”课程）时，我会手写数十页的笔记，然后放到文件袋中。

回归手写笔记和纸质笔记之后，我的思路变得更加清晰，思考更加深入，最关键的是，工作起来更加专注。每当我忙完课程，一晃三个多小时过去了，想找手机看看消息时，发现手机不在桌子上，床上也没有，后来跑到客厅、书房……十多分钟之后，才在书房的沙发上找到了手机。

哪些工具最能让你发挥创意，让自己的灵感得以展现？被推荐的工具中一定有纸、笔，或者白板。

纸、笔和白板最大的好处是，你完全不会被工具束缚。想怎么写就怎么写，想怎么画就怎么画。在做企业内训时，兴致来了，我也要请客户提供马克性笔在白板上写写画画。画完之后，乍看一团乱麻，可是写写画画的过程却是思维涌现与碰撞的过程。

如果用电脑呢？打开 Word、印象笔记或 PPT（Keynote），你会立即被工具规定的格式束缚，当你使用 Word 时，却不能随意画；当你在 PPT（Keynote）作图时，却发现想随意画一个流程图或模型好麻烦……当然，在纸上或白板上理清思路之后，再挪到电子工具上呈现，把结果分享给其他人，这是最合适的组合。

如果你已经忘记了手写的感觉，不妨再捡起来。每天试着花 5 分钟写日记，是开启一天工作，安排一天生活的一种实用手段，也是一项非常有效的仪式化工作。当你坐下来认真写下这一天需要完成的任务时，相当于给自己一个承诺。罗伯特 · 西奥迪尼在《影响力》一书中，阐述了“承诺与一致性”原理：一个人“一旦对自己的行为或选择做出承诺，就会努力保持言行一致”。而写日记的方式，可以帮助你让行为与承诺靠近。

当然，如果一开始做不到或者做不好也没有关系，毕竟习惯的养成需要时间。写日记的目的是让自己反思，通过反思不断修正自己的行动。如果偶尔有一两天没做到，也不需要自责或感到愧疚，最重要的是已经开始行动，持续行动。只要行动，就一定有变化。

## 周记：复盘，避免死循环

戴尔·卡内基在《人性的弱点》中曾经写过这么一个故事。

华尔街一家银行的总裁曾在课上分享他提高自我的方法。这位先生没怎么上过学，却是全美最著名的银行家之一。他说他的成功很大程度归功于一套自创的方法。

> 多年来，我习惯把每天的日程记录下来。**家人会把周六晚上的时间留给我独处，他们知道那是我固定用于自省和自我评估的时间。晚饭后，我打开日程簿，回想这一周的会谈、讨论和会议。**我会问自己："上次我犯了什么错？""我的哪些做法是正确的？怎样能表现得更好？""从这次经历中我能学到什么？"
>
> 一开始，这种每周回顾通常会让我觉得很不开心，为自己做的种种错事懊恼不已。但这些年下来，我犯的错误越来越少了，有时我甚至想拍拍自己肩膀，告诉自己干得不错。我年复一年地坚持这一自我分析、自我教育的过程，这个习惯让我受

> 益匪浅，远胜于其他任何方法。这一做法提高了我的决策能力，让我在为人处世方面得到了潜移默化的进步。我向大家强烈推荐这个方法。

为什么不用同样的方法审视一下自己该如何应用本书原则呢？这样做有两个好处：首先，这是一个有趣而无价的学习过程；其次，你会发现自己的能力飞速提高。

请注意加粗的内容：

> 家人会把周六晚上的时间留给我独处，他们知道那是我固定用于自省和自我评估的时间。晚饭后，我打开日程簿，回想这一周的会谈、讨论和会议。

我也养成了一个习惯：定期整理自己的笔记。

2019 年 3 月，我结束了深圳两天一夜的线下课程，之后我和团队、合作伙伴以及参加线下课的同学分别做了多次课程复盘。

我一共记录了 30 多页笔记。回到北京后，第一天，我就开始整理笔记。先把所有笔记取出来，重要的保留，不重要的扔掉。我用的是 A5 活页笔记本，可以一张一张取出来整理。

当然，这里会碰到一个难题：如果其中一页笔记，分别属于不同的两个甚至若干个分类怎么办？比如，我有一页笔记记的是我的合伙人高洁的特性。把不同的笔记，分门别类放进不同的文件夹。

4月4日日志

中午吃饭，和高洁聊到她擅长“场景化记忆”这件事情。

高洁完全看不下去纯流程性、纯操作流程性视频（如健身视频、美妆视频）。

事实一：她身体协调性不好，只能通过找私教的帮助来完成动作。

事实二：她的记忆方式是与场景相连，譬如在某个咖啡馆或某个合作伙伴的办公室里谈论了一件事情，她能回忆起当时的场景。

启示一：与她沟通，适合使用场景描绘方式交流，而非流程式语言。

启示二：如果要表述流程，可以将流程做成图解，即将流程图解化、场景化，这样就适配她的理解模式。

案例应用场景：

“前锋 vs 后卫”故事，角色分工、能力模型。

（前提条件：自我认知/他人认知）

这页笔记的结构就是以万能写作法（观点—案例—结论）呈现的。开头“高洁擅长‘场景化记忆’”以及“高洁完全看不下去纯流程性、纯操作流程性视频”，是核心观点。

接下来列举了两个事实，即案例。最后得出了两个启示，这是结论。如果我想写一篇关于场景记忆的文章，这就是一个写作框架。观点、案例、结论俱全，剩下的就是找到更加通用的案例来说明“场景化记忆”是高洁独有的特性还是很多人共有的。

在两点启示之后，我还写了案例应用场景。所谓的案例应用场景，指的就是这个案例可以用在什么情境之中。借这页笔记，我想讨论日常沟通中特别需要注意的一个问题。

很多时候沟通无效，是因为你的输出模式与别人无法匹配。每个人的信息接收模式不同，如果输出模式与接收模式不匹配，势必会造成“鸡同鸭讲”的局面。

在发现高洁的信息接收模式是“场景化记忆”后，高洁给我发来了关于这个特性的更多资料——她此前做过一次基因检测，检测结果显示，她的情景记忆能力很好，在所有人中，情景记忆能力很好的人占比58.2%，且亚洲人的情景记忆力普遍不错。

该基因检测对情景记忆能力的描述是：

> 你可能容易快速掌握和记忆场景化的事物。让你回忆昨天新学的单词，你可能会因为想到写有单词的卡片而很快想起。
>
> 情景记忆指对亲身经历过的情景事件的记忆，就像针对某件事存储了很多相关的照片在脑海中，想起这事或看到相似的情况，就容易回忆起当时的场景。
>
> 比如，你会想婚礼那天时，可能会迅速在脑海中浮现出蓝天白云晴空万里下新娘幸福的笑容；或者你走到曾经路过的十字路口，就容易想起向左走向右走分别会遇到怎样的街景。

情景记忆是发展长期记忆必不可少的关键，对我们的工作和生活都很有帮助，有利于我们学习和回忆信息。

我把这份资料记录在了这一页笔记的背面，作为参考资料备存。内部沟通的时候，如果涉及比较复杂的流程性内容，我会画草图给高洁，这样更便于她的理解。此外，我们正在和一位特别擅长做流程图解的老师合作图解课程，我和高洁说："你来做课程反馈。你知道自己需要什么、不需要什么——要是你看不懂，那就说明图解没画好。"

我花了较大的篇幅去写这样一个案例，目的是希望可以把我对周记的使用方法和经验分享给你：扔掉那些在你看来无意义、不重要的笔记，留下并强化那些对现在和未来都有意义的笔记。

扔掉无意义、不重要的笔记，就像定期做大扫除，整理干净、收纳整齐。我们每天刷牙、洗脸、洗澡，试问，又有多少人会像刷牙、洗脸和洗澡一样，定期（比如一周）清理我们内心的垃圾呢？

基于当下的考量，大胆扔掉无意义、不重要的笔记，整理头脑和心灵。我们要活在当下，并通过这些当下构筑我们的未来。

## 注重推理思考过程，同时要拿成果说话

很多人在工作中需要定期写工作汇报，而周报就是工作汇报的一种。有一些公司注重KPI（关键绩效指标），KPI考核对于提升短期业绩有帮助，但是很容易影响公司长期价值。比如，你在追求100万元销售额过

程中急功近利却忽视了服务。短期来看，服务是“看不见的”成本，无法在销售业绩中体现，但这是以牺牲长远发展为代价的。

我们公司内部推行周报制度，写周报的标准至少包括以下三条：

- 注重思考过程，无论是成功的经验还是失败的教训，都要有思考过程的阐述，并尽可能阐述事实。
- 要拿成果说话。每周只需要写 1~3 个核心成果，如果超过 3 件，说明精力太过分散，不够专注。
- 写一个用户故事。哪怕写一两段，也要通过这种方式不断加深对用户的理解。

我的第一条标准参考了瑞·达利欧在《原则》中谈如何听取别人意见的原则，第二条标准参考了《格鲁夫给经理人的第一课》中如何衡量一个经理人的成效的标准。

给一项工作的优劣下结论非常容易，但是描述推理思考过程则没那么容易。每个人都有自己的观点，也热衷于和其他人分享自己的观点。如果未经深入思考和检视，你很难分辨这一次成功究竟是因为关键动作做到位了，还是因为运气。其实绝大多数情况下，我们无法找到因果关系。我们所谓的归因，很多时候不过是事后的归纳总结罢了。归纳法并不能保证我们再一次成功，但是推理思考，可以让我们得到启发。

在谈到如何听取别人意见时，瑞·达利欧说：“关注发言人的推理过程，而非其结论。在对话中很常见的情况是，人们会分享结论，而非结论背后的逻辑。所以说，人们对自己的烂主意深信不疑的情形屡见不鲜。”周记（周报）是一种自我沟通以及与他人沟通的方式，通过写周记（周报）来不断审视自己，可以让我们免于落入自欺欺人的陷阱。

在《格鲁夫给经理人的第一课》中，安迪·格鲁夫最重要的一个观点是：“一个经理人的产出，是他所管理或影响的部属工作的成效总和。”北京大学国家发展研究院陈春花教授讲过一句话：“你的绩效的 70% 不由你的绩效决定，而是由你老板的绩效决定的。”注重产出，并且是与老板工作方向一致的产出，这是非常重要的一种拿成果说话的方式。

很多公司都有一个工作方法——结果导向，所谓结果导向就是“请告诉我你做成了什么，而不是你在努力做什么”。

很多人写周报的时候拉拉杂杂写一大堆过程，但对结果避而不谈，这反而暴露出没有拿得出手的成绩，无功劳可谈，只好写苦劳。

没有产出的确令人羞愧，但在记周报的一开始，就养成写结论的习惯，可以倒逼自己有产出意识。

## 如果可以，尽可能坦诚、直接、公开、透明

我曾经在“豌豆荚”高速发展时期在那工作过一年。“豌豆荚”的内部沟通文化与谷歌非常相似，倡导公开透明，从CEO到任何一位员工，内部文档中每个人的周报你都可以随意翻阅。在谷歌，CEO拉里·佩奇的

OKR（目标与关键成果）[①]也是公开的，每一位员工都可以看到拉里·佩奇给自己定的年度目标。

很多公司的内部文化比较保守与封闭，但一个组织要有活力，信息一定要通畅。这也是为什么硅谷最有活力的科技公司内部都倡导坦诚、直接、公开和透明。最近几年，我也看到越来越多国内的公司提倡公开与透明。比如“得到”每周二给所有用户直播他们的内部会议，与用户同步最近的计划与进展，让用户知道他们最近思考的问题。我们从创业之初，也会不定期给用户做视频直播，同步我们近期的思考，听取他们的反馈，并优化和改进自己的工作。

在凤凰网工作的时候，我们也需要写周报。很多同事在周报里只是按照要求描述自己本周的成绩：做了哪些重大报道，有什么样的数据。而我的做法却不一样：我在周报里写下了很多思考。我原样呈现对想不通、搞不懂的问题的思考过程，很意外的是这些内容获得了总编辑的反馈。

我在加入凤凰网第三个月的时候，就受到总编辑的邀请参加年中的高管会议。在这个会议上，我发现自己是年龄最小、职位最低、入职时间最短的一位。我没有参加讨论，也没有发表任何看法，全程旁听，但受益匪浅。

当我开始创业之后，我发现每天面临的问题、产生的困惑是远多于解决方案的。很多时候你以为有解决方案，却不一定有效——在尝试了好几种解决方案之后，才有可能找到一条真正有效的路。

① OKR即目标与关键成果考核，这是一套不同于KPI的对员工工作的考核方法，由英特尔公司发明，在硅谷科技公司中普遍使用。

房子、车子、孩子、父母、工作……我们每天面对着无数根线头，我们要如何从一千根线中找出最重要的那一根呢？我们可以像卡内基分享的那个故事一样：每周找一天，晚饭后，打开日程簿，回想这一周的会谈、讨论和会议。进行自省和自我评估，必有所得。

我们公司内部也尽可能本着坦诚、直接、公开、透明的工作风格。比如有一次晚上，我的同事清风发了一篇长文告诉我，白天我给她提的建议让她很不舒服。起因是在中午好几个同事一起吃饭的时候，我冷不丁给她提了个建议，说她在朋友圈文案的转化上并不是很出彩，不妨直接用另外一位合作伙伴的文案。她一方面反思自己的工作是否做得不够好，需要如何改进；另一方面又觉得自己被我的话给刺伤了。

第二天中午开会的时候，我也在所有同事面前向她道歉。一来，给建议的方式过于简单粗暴，没有考虑她的感受；二来，我给的建议并不足够慎重，应该基于一定的调查。

讲完之后，大家都为清风鼓掌。——是的，不是因为我道歉为我鼓掌，而是为清风勇于迈出这一步，直接将她的感受和需求告诉我而鼓掌。我们鼓励坦诚与直接的沟通。

还有一次周会上，我们还在实习的同事小鱼儿分享了她有一段时间因为情绪抵触，无法听进去别人的反馈和建议。当她发现这个现象时，她在周会上就这么说："当一个人处于情绪之中是听不进去建议的。先用录音软件录下来，然后等到情绪平复的时候再去听反馈，一方面自己能够更客观地去判断，另一方面能推动工作的改进，不然别人就白反馈了。"小鱼儿讲完，团队所有人为她鼓掌。

## 附：一把钥匙内部周报原则

| | |
|---|---|
| 周报说明 | 我们内部文化要求做到尽可能公开、透明与坦诚。内部所有人可查阅，鼓励互相反馈。<br>因为对内完全公开，这也意味着很多内部的信息对所有人是透明的。除非师北宸或高洁任何一人允许，否则不可以对外发放。<br>周报原则不定期修订，核心团队成员有任何意见均可提出。<br>撰写：师北宸<br>2019.7.29 第一版 |
| 周报流程 | 每周日交本周周报，发到周报文件夹，然后同步到周报群里。 |
| 周报撰写格式 | 核心模块<br>本周产出<br>下周计划<br>用户故事（针对核心业务人员，非业务人员不要求）<br>每周大事件及总结<br>（1）请描述本周重要收获。<br>（2）请描述本周错误与不足，哪里值得改进（或者叫复盘与反思）。<br>（3）请描述工作中存在的重要问题。<br>（4）其他你认为特别重要的事情，记录下来。 |

## 总结：总结做得好，工作少烦恼

> 当我准备和一个人理论时，我会用三分之一的时间思考我的立场，以及我想说什么；另外三分之二的时间，我会思考对方的立场，以及他想说什么。
>
> ——林肯

每个人碰到的写总结的机会不会太多，但是当你因为申请学校或升职要写自荐信、自我介绍的时候，你可能就要挠头了。

总结至关重要。“20/80 法则”很多人都听说过，在日常工作和生活中也会用到，可是“2/98 法则”却很少有人听说过，而 2/98 法则却更重要。我第一次了解这个概念，来自滴滴的天使投资人王刚的分享：

> “商业其实是 2 和 98 的法则，‘二八法则’是骗人的。我们反思一下，跟我们关系最铁的，能产生最大愉悦程度的，只有那 2% 的人，但这 2% 的人并没有被我们给予足够多的关怀和重视。相反，我们把时间和精力分给了 20% 的人。”

他讨论的是人际关系，在人际关系里，父母、孩子、伴侣、最亲密的朋友在你所有的人际关系中，只占 2% 的比例，但是对你的情绪影响程度超过 90%。如果你的核心朋友圈有 200~250 人，对你来说最重要的其实不过四五人而已。

某些工作能力、某些工作项目，出现的频率只占 2%，却有可能影响你 90% 的工作。而你总结的重点，就是极大地影响领导、同事、合作伙伴对你的评价的 2% 的事情。

所谓的总结，既包括阶段性工作总结（比如年度总结、季度总结、月度总结），也包括重大工作项目总结。在家庭中，你甚至可以就生活中的重要议题与家人一起总结。

工作总结要遵循一个标准：关注能显著影响别人对你的个人能力进行评价的方面。这有点像档案或者银行信用记录，会伴随你一生。在家庭中的生活总结要遵循的标准是建立共识。这里我们只谈工作总结。但是我相信，它对你的生活也会有很重要的影响。

根据前面的 2/98 法则你会发现，总结属于平时练习得少，可是却很要紧的工作。应用场景包括面试、写自荐信、升职加薪申请、升学申请……

那么，总结有多重要呢？这有点像NBA总决赛最后一场，作为替补队员的你上场，最后 2 秒钟时，你正准备传球给你们队最会投篮的队友，对方却故意在你身上犯规，这时你们队伍落后一分：接下来，你要投出决定生死的两次罚篮。你如果投进两球，你的球队赢；如果投进一球，进入加时赛；如果两个球都罚丢，那就会输掉这场比赛。

这个场景基本能反映工作总结的性质——平时的积累是基本盘，这一次机会，就看你能不能把握住。

此外，不断进行工作总结，会给你带来意想不到的收获——“意外的贵人”。下面我们就来说说什么是“意外的贵人”。

## 找到你人生的赛马

要获得真正成功的人生，关键在于相信他人。也就是说，你得找到一匹可以驾驭的好马。

这是“定位理论之父”阿尔·里斯和杰克·特劳特在定位系列的《人生定位》中的一句话。《人生定位》的中文书名很鸡汤，而且蹭了“定位”这个词的热点。其实，它的英文原版书名叫“Horse Sense: The Keys of Success Is Finding a Horse to Ride”，直接翻译过来是“马感：成功的秘诀，就是找到一匹好马”。

马感和球感、网感类似，如果你球感好，运球、传球、投篮都不会差。好几个人向我推荐这本书，他们在推荐这本书的时候偷偷地说：千万不要让你老板知道。

我觉得这句话讲出了职场成功甚至在世俗意义上取得任何成功的真相，能这么赤裸裸、一针见血讲真相的书不多，当时看到的时候，我浑身打了个寒战。

别人每天工作 10 小时，你工作 12 小时，一定能比对方更成功吗？不见得。楼下小卖店，天刚刚亮就开业，你回家睡觉了才关门，小卖店不一定赚得有你多。

更好的思维方式、更多的见识，能让你更容易取得成功吗？不一定。大部分大学教授和其他知识分子通过本职工作获得的收入是很惨淡的。

职业目标清晰，不断往一个目标努力，能成功吗？也不一定。如果你想去一家科技公司当CEO，你会在一家卖可乐的公司干16年吗？显然不会。——没错，我说的是约翰·斯卡利。1985年，乔布斯把他从百事可乐挖过去担任苹果公司CEO，没多久乔布斯被约翰·斯卡利从苹果公司赶了出去。马化腾当年还想以50万元把QQ卖给张朝阳，却被张朝阳拒绝，他只好咬牙坚持做下去，这才有了今天的腾讯。腾讯市值最高的时候超过4 500亿美元，而搜狐现在的市值却只有5~6亿美元。

在《人生定位》中，里斯和特劳特这么说：

> 如果你关注自己，你就只有一次机会赢得比赛。如果你开阔眼界，把他人也纳入你的关注之中，那么你的胜算将大大提高。如果能更进一步扩大视野，你将会发现更多的机会，产品、创意、天时地利、公众知名度——这么多的骏马都能帮你赢得比赛。为什么还要把注意力集中在自己身上呢，毕竟单凭自己，你只能有一次获胜的机会。敞开你的胸怀，你就能拥有成千上万的机会去博取成功。

你的老板、同事、合作伙伴，都有可能成为你的马，而你的老板可能是最为重要的一匹。在理解了这一点之后，你需要有一个意识：时刻注意如何“管理”老板。学会管理老板，你就学会了管理所有人。

管理老板的最基础的原则就一条：站在老板的角度思考，而不是只从自己的角度出发。

## 站在老板的角度思考，以老板能理解的语言来写

彼得·德鲁克在自己的两本管理学著作《管理的实践》和《卓有成效的管理者》里都提到“管理老板”的概念。他在书里说：

> 你要知道，你的老板也是个人，是个与众不同的个体，有他习惯的工作方法，作为下属，你应该知道你的老板需要什么、不需要什么。

写总结之前，你要搞清楚哪些人会读你的总结。我在凤凰网科技频道做主编的时候，看我工作总结的有财经中心总监和凤凰网总编辑，以及编委会。同时，我会把我的总结发给我的搭档，科技频道的副主编。

如果只面向领导，可以直接写你对团队人员的看法——每个人最近好的表现、不好的表现，有何问题，如何改进……，也可以向领导请教团队管理问题。

但如果要给全团队看，这种写法就不太合适。这时，总结里更适合写业务进展、碰到的问题以及如何解决。如果你要对某个成员提出建议，适合一对一单独谈，而不要当着很多人的面谈对方的缺点与不足。

在总结中，你的产出要与公司的大目标和方向一致，这样大家才能形成联盟，一起往前走。我刚到凤凰网不久的时候，有一次把总结交上去后，领导回复了一句话："你对频道运营负第一责任，我对你的责任负责。频道我交给你运营，你做好了，我跟着沾光；你做砸了，我首先承担责任，再向你问责。"

乔布斯的下属、皮克斯的总裁卡特穆尔"对付"乔布斯就很有一套。《成为乔布斯》记录了他"管理"乔布斯的细节。他说，对付乔布斯很重要的一点是，要会翻译他说的话，比如当他说"这个东西简直是垃圾！"的时候，你不要害怕，他的意思其实是"你能不能给我讲讲你为什么选这个方案？"如果你说的有道理，乔布斯会听取你的意见。在如何与乔布斯打交道上，卡特穆尔很有自己的心得。

> 卡特穆尔在乔布斯收购皮克斯的时候，和他接触了多次，他发现乔布斯有两个特点，一是乔布斯非常在意自己的时间，尤其那个时候乔布斯要管理NeXT[①]和皮克斯两家公司，时间就更紧张了；二是，乔布斯说好听点是非常注重细节，说得不好听点就是什么都想自己插手管管。
>
> 针对这两个发现，卡特穆尔在一开始就做了一个决定。
>
> 首先，他并没有让皮克斯搬家，也就是搬得离NeXT总部近些，而是很长时间都一直在原先的小破办公室。但是他每周一

① 由乔布斯于1985年创办的一家计算机和软件公司。——编者注

会开车近一个半小时，穿越旧金山的金门大桥，主动去给乔布斯汇报工作。

这样，一方面节省了乔布斯的时间，让他一直清楚皮克斯在做什么；另一方面，又让乔布斯无法插手皮克斯日常非常细节的运营工作，他和拉塞特可以自己说了算。因为你也知道，创意行业最怕的就是不懂行的老板瞎指挥。所以卡特穆尔这一招非常妙，而这也是建立在对乔布斯性格的理解上的。

卡特穆尔后来成了公认的管理专家，他写的《创新公司》一书，成为公认的管理学必读书目，而极其自负的乔布斯也承认，他从卡特穆尔身上学到了很多经营公司的心得。

在很多人的观念里，管理是自上而下的行为，他们并没有意识到这里的“管理”是自下而上，老板也是需要去“管理”的。管理老板是一门学问，通过每周总结与老板定期沟通，是一种非常好的管理老板的方式——哪怕公司没有要求，对方能更明确你做出了什么成绩，也知道了你是如何思考的。

## 写上领导、客户、同事、权威同行对你的评价

自己说自己好，不够客观，如果你所在领域的权威专家在正式或非正式的场合给过你不错的评价，要留意收集起来。如果你是一个喜剧演员，一个普通观众说“你很搞笑”说服力有限，但是如果周星驰在看过

你的电影后说上一句“哇，你好搞笑，这种搞笑方式我都做不来”，权威程度则完全不是同一量级的。

看到这里，可以去翻一翻自己的微信，有多少人给过你正面评价？这些都会成为你的背书。你写工作总结、自我介绍、自荐信时都可以用上。

译言是我毕业时加入的公司，译言创始人赵嘉敏 2012 年曾给过我如下评价：

> 师北宸参与组织 2009 年凯文·凯利的中国之行，并协助《失控》中文版在中国的推广工作。《失控》这本书获得了远超行业预期的极大的流行度，并收到了很高的赞誉。
>
> 师北宸在科技、创新与商业趋势等领域是一位活跃的作者，当他决定成为中国顶尖的科技作者时，他花了整整一年阅读、学习和思考。而后，他的文章出现在了纽约时报中文网和金融时报中文网上。

赵嘉敏是一位对内容要求极高的人，他创办了译言网和东西文库，将凯文·凯利引入中国，并引进了非常多科技前沿书籍。如果大部分媒体文章在他看来水准在及格线上下，当我看到他给出“你在纽约时报中文网的文章能达到 80 分以上”这个评价的时候，我觉得得到了莫大的肯定，而我在背后倾注的心血，也没有白费。

中国人普遍比较含蓄，把别人夸自己的话写在总结里其实需要克服心理障碍，因此，是否要这样表达以及表达的分寸和边界把握，都需要根据自己所处的环境和公司文化来灵活判断。

我在2019年推出“思维转型”线下私房课，在这个课程中，我放入了“产品思维”“用户思维”“杠杆思维”“第一性原理”“多元思维模型”“原则思维模型”等内容。2018年下半年，在纠结要不要推出这个主题的时候，我压力非常大，经历了很煎熬的自我斗争：我能把握得了这些主题吗？我的履历是否有足够的说服力让用户买单？

斗争了一个多月，最后我下决心做。事情是做出来的，不是想出来的。只有行动起来，才会逐渐获得别人的认可。此外，让我下定决心去做的一个很重要的原因是：我要自我挑战一把，在推出这个主题的同时对这些思维模型建立更深的理解。

2019年3月底，第一次开课，前一个半小时我像在梦游：迟迟进不了状态，全身不断冒汗，很多地方刚要深入讲解，却很快跳过；而另外一些地方却过于啰唆。幸好，课间休息时朋友和同事给我提了一些建议，我迅速调整，马上进入状态。但是第一次课程依然留下了遗憾。

到了5月第二次开课时，我优化升级了50%的内容，对上一次出现问题的部分进行了全面调整和优化。上午的课程结束时，坐在后排的那位学员非常激动，忍不住上台来分享他的感受。他说他曾经在新东方当过16年老师，后来自己创业，也曾经上过很多线下课程，其中包括70万元的商学院课程，但他认为这个课程是他上过的所有课程中最好的。

当我听到这样的评价时，那一刹那我觉得之前的所有努力和付出都值了。

## 展示你最与众不同的地方

伟大的公司花了无数的广告预算，投资数亿美元用于产品研发，招聘数万精英人才，只为了实现一个目标：让你记住，然后选择消费。即使是可乐这种差异化极小的产品，可口可乐和百事可乐也成功地让你知道它们之间的差异。乔布斯在1997年回归苹果公司后做的第一件事情就是做一支广告，这支广告叫“不同凡响”，它也成为苹果公司和广告史上最经典的广告之一。

在回顾你做过哪些事情的时候，同时也想一想你与周围的同事最不一样的地方。可能是一个很小的项目，也可能是一个很小的细节，但是如果它能让你显得独一无二，把它写进来。

在做写作课上，我的优势非常明显：

○ 凤凰科技前主编（大众媒体）。
○ 虎嗅、36氪等科技媒体专栏作家（垂直新媒体）。
○ 纽约时报中文网、《金融时报》、《彭博商业周刊》专栏作家（外媒）。
○ 一对一接触过数百位咨询写作的学员（非常了解用户需求）。
○ 开设过多场线上、线下写作课（已经有非常丰富的经验）。
○ 创办了“师北宸写作训练营”（不仅对课程非常熟悉，还对教育服务也有所探索）。

我不是最知名的写作者，也不是最好的写作者。一位95分的写作者讲写作课，很有可能学员仍然听不懂；而一位在懂用户程度上做到 95 分的人讲写作课，很有可能因为专业能力不够而难以被学员认可。在“最好的写作者之一”与“最懂学员需求的人之一”以及“还能讲讲”这几个要求中，我都做到了 80 分以上。所有这些经历，集成一个标签：全网最贵写作课打造者。

这其实也给自己一个压力，因为在人们的心智中，“最贵”往往意味着“最好”，我必须不断逼迫自己做得更好。后来我们发现，很多用户在做选择的时候的确有这样的判断：敢卖最贵，应该差不到哪里去。做用户调研的时候，每当问到他们对“师北宸写作训练营”最大的感受时，“品质感”是许多用户不约而同提到的一个关键词。我们在宣传上不煽动用户恐惧和焦虑的情绪，我们的内容不凸显赚钱和升职，而是刻意强调底层思维，乍一看非常“佛系”，但用户只要深入体验一下，便会发现它是最实用的。所谓最慢的也是最快的，最底层的才是真正最有效的。

台湾漫画家蔡志忠在“生命 · 成长”访谈中提到，他虽然不太需要钱，也不缺钱，但是他每一次办画展都要给自己的画涨价。他觉得艺术品也要用商业价值来衡量，他希望别人买了他的画之后，他的画能不断升值，并且认为这项投资比投资理财或投资房产更好，这样他才觉得对得起别人对他的画的投资。因此，70 多岁的他依然坚持每天工作 16 小时，他觉得这是对支持他的人的尊重。

我在刚创业的时候也定下了一条原则：要给最早支持自己的用户最好的条件，越早支持自己的用户越早受益。在做课程和训练营的过程中，我们发现市场上绝大部分课程关注的是“事情”，而非“人”。很多人认为既然是“思维模型”课程，那应该展示很多的思维模型才是。可是等等，试问，如果你对自己的思维模式都不够了解，也不知道自己与众不同的地方在哪儿，又如何能让自己真正实现思维转型呢？

我们找到了自己最与众不同的地方：品质和人。我们最关注自己提供的产品是否足够优质，同时我们最关注的是人——思维方式，最终也要应用在“人”身上。我们从一开始，就非常坚定地想“不同凡响”，并将继续如此，这样才能让别人更加清楚地知道我们是谁、我们在做什么。

如果现在将视角切换到你身上，你身上最独特的地方在哪儿？请务必挖掘出来。你也可以像我一样，挖掘多维度的竞争力。三个 80 分以上能力的累加，远远超过 100 分的单一能力。100 分的单一能力除了需要付出两倍、3 倍甚至 10 倍于 80 分单一能力的努力，而且有时还需要更多的天赋和更好的运气。

# 记笔记：做灵感的捕手

写了这么多，你可能会想问：

你是怎么记笔记的？

你每天都记笔记吗？

你有什么记笔记的工具推荐？

你为什么还用纸和笔记笔记，手机和电脑不是更方便吗？

……

我记笔记经历过好几个阶段，从完全电子化到纸质笔记与电子笔记相结合，再到完全纸质化。

## 电子化笔记

我在上大学的时候就对互联网产生了浓厚的兴趣，也是Kindle、iPad等电子书阅读设备最早期的用户之一，为了做笔记，我甚至独自探索出Kindle一键导出笔记文档的方法。

这个阶段的我，把效率放在第一位。

我使用的阅读App主要是多看，它支持大部分电子书格式，并且记笔记极其方便，也能全文导出读书笔记。后来转为使用Kindle，因为Kindle可以提供一个完全不受干扰的阅读环境。但Kindle的问题是，可以搜索查询笔记，却无法导出。当我找到导出Kindle笔记的方法后，这一问题便不存在了。在网上阅读的文章，我会直接用印象笔记“剪藏”功能，收集所有对我有启发的内容。顾名思义，“剪藏”就是把网页内容“剪下来”，然后“收藏”到印象笔记里。此外，你还可以给自己剪藏的内容打上标签，更加方便检索和查阅。

和前面提到的李敖笔记法相比，印象笔记只需要三秒。在短短几年时间里，我收藏了一万多条笔记，并且早早地成了印象笔记的高级会员。印象笔记的好处是可以随搜随用。我日常会随时打开印象笔记，记录自己的收获和心得。

## 纸质化笔记

创业之后，我开始更频繁地用纸质笔记本记笔记和写作。虽然用本子记笔记的习惯已有多年，也经常在和朋友见面的时候掏出本子来，随时记录从谈话中得到的启发，但从创业开始，几乎每天都在白板上写写画画。如果身边没有白板，那当然需要纸笔。

这时候已经有更好用的电子工具——iPad Pro + iPencil，用iPencil就可以在iPad上写写画画。这时候你会发现，科技进步最具黑色幽默色彩的地方在于，你花了一万元买的电子产品，它的功能和10元钱买的本子效果差不多。科技的进步，竟然在不断接近最原始的输入和输出方式。

用纸质笔记本最好的地方在于无拘无束，可以自由发挥。笔记本最好是活页的，因为装订好的笔记本会让你害怕犯错，不敢随便写随便画。我一度追求买贵的笔记本（比如德国灯塔笔记本），一个笔记本几百元。刚开始使用时，因为花了不少钱买的，一定会珍惜着使用，而且一定会用完。当我在写笔记上投入更多时间和精力，并使之成为我的习惯之后，我改用活页笔记本。这时候使用笔记本的心态完全不一样：随便写写画画，不怕犯错，写错了或写得不好可以撕下来扔掉。一本活页纸只要几元钱，用起来完全不心疼。

这意味着我的需求在更替：从努力养成记笔记的习惯到追求自由自在、无拘无束地记笔记的状态。灵感借助纸笔自由流淌，被激发，被释放。如果你享受过灵感喷涌而出的状态，那一定是用纸笔写写画画的时刻。

漫威电影《钢铁侠3》有一句著名的台词：是钢铁侠成就了战衣，还是战衣成就了钢铁侠？

对写作者来说，最好的战衣，便是一支笔、一沓纸。

## 从现在开始养成记笔记的习惯

如果你读到这里，那么不妨从现在开始，养成记笔记的习惯。

养成习惯需要一个过程，一开始热血沸腾，但在这个过程中，你可能会碰到很多阻碍你的状况。最常见的就是三天打鱼两天晒网。

很多时候我们的热情只能持续三天，甚至三分钟。为了避免三分钟热度的情况，记笔记的时候可以给自己设定一些原则。

**原则一：每天只花五分钟**

每天起来之后，第一件事就是花五分钟写当天计划。可能你刚入职场，每天恨不得在床上赖到最后一分钟才起来，然后匆忙洗漱后出门赶地铁、公交。我知道你很忙，每天要加班，要看剧，要和别人吃饭，还有很多微信公众号文章要看，以及很多信息要回复，或许还要陪伴家人，照顾老人或孩子……

但是，每天五分钟，你一定能抽出来。

相信我，坐下来，立刻写。如果早上做不到，晚上也要做到。

**原则二：只写一句话就可以**

你不需要写太多。打开笔记本，只写一句话。

这一天对你来说最重要的一件事情是什么？写下来。

你此刻的心情如何？写下来。

你希望这一天如何度过？写下来。

你最想对今天要见的人说一句什么话？写下来。

是的，你只需要写一句话。

**原则三：提前决定好书写时间和地点**

你既可以起床后在书桌上写，也可以上班后在工作台上写，甚至可以在公交或地铁上写。

我有一次要赶一篇稿子，晚上 10 点多才下班坐上公交回家。从公司回去有一个多小时的车程，公交车上没有地方坐，可是我又不想熬夜，于是干脆坐到公交车的台阶上，当时台阶上还坐着一位大姐，我很抱歉地说："不好意思啊，我写点东西。"

我在公交车上写了 1 000 多字，只剩几百字即可完工。回到家后不到半小时我就完成了整篇文章，在晚上 12 点前发给了编辑。

村上春树的第一部小说是在酒吧厨房工作台上写完的。其实，很多优秀的作家第一部作品是在厨房，甚至洗手间里写完的。你不一定有很好的写作环境和写作条件，但你一定能找到一个能写的环境。

我有一阵子会到小区的便利店买早餐，便利店里有三张桌子，买完早餐就坐在便利店里边吃早餐边写，写上 10 分钟再去上班。这样的习惯我保持了好几个月。

头一天晚上睡觉前，就想一想第二天要在哪里写。或者早上起来洗澡的时候想一想，当天准备在哪里写。

**原则四：让自己很期待接下来这一句会写什么**

我有一位朋友一直想养成跑步的习惯，可是跑步实在太枯燥，往往刚跑了 10 分钟就坚持不下去了。每次她都觉得很沮丧，对自己很失望。

后来有一次她去参加一位跑步教练的课程，那位教练告诉她：忘掉速度，忘掉距离，感受你在跑步过程中每一步的心情，让自己保持一种"很想跑接下来这 100 米"的状态，如果感觉不舒服但需要坚持，就再慢一点，"慢到让自己很希望跑下去"。

那一次，她跑了 5 千米，一点不觉得累，而且还很期待第二天还能再跑 5 千米。她说，这是她跑过的最轻松的 5 千米，也是她跑过心情最愉悦的 5 千米。

写作不是任务，不是不得不去做的事情。你尝试感受一下，“很期待接下来这一句会写什么”是怎样的状态。当村上春树开始动笔写书的时候，他每天什么时候停笔呢？“在似乎可以写下去的地方，果决地停下笔来，这样第二天重新着手时便易于进入状态。”

**原则五：公开立誓**

当我开始挑战一项比较重要的任务时，我会公开立誓。

我在刚刚开始筹备 2019 年线下私房课的时候，定下的主题是“思维转型——如何淡定自我跃迁，以应对这个不确定时代”。这个主题的核心内容是八大思维模型，其中包括“第一性原理”“查理 · 芒格多元思维模型”“瑞 · 达利欧—原则思维模型”等多个既烧脑又很难讲好的话题。之所以想讲这个主题，一方面是因为自己从中受益颇深，希望继续精进；另一方面，也希望给自己设计一个更高的自我挑战目标。

在筹备整个课程的过程中，我内心不断经历着“我要好好干”“哎呀，好像不太行”“诶，我好像很有信心”“哎呀，讲砸了怎么办”等不断建立信心又不断自我怀疑的循环。

开课前一个月，我在微信朋友圈把私房课的主题、提纲、全年排期以及定价全部公布了出来。很快，同事、合作伙伴以及我们社群的用户也开始转发，一天内就有十多个人报名交钱——线下私房课每场仅限 30 人。还有一位特别好的朋友给我打电话说：“北宸老师，帮我留两个名额，我和我同事也要报名。”这时候，我已完全没有退路。

没有退路的好处是，你再也不会纠结于“要不要干”。你只有一个选项——必须干，而且必须干好。

我在写这本书的时候，也跟出版社的编辑当面立誓："必须在2019年4月30日之前交稿，如果不交稿，我就裸奔！"如果只是当面说一说呢，还有退路，而我说这段话的时候，编辑拿着手机录了视频！3月31日结束第一期线下私房课之后，从4月1日开始，每天完成4 000字。设定任务量，也是从村上春树那里学来的。如果你怕自己做不到，如果你害怕每天纠结，那不妨在朋友面前立誓。

在"一把钥匙 · 师北宸21天写作训练营"，我们为每一位参加训练营的同学编辑了一段誓言，每一期开营的第一天，我们都会鼓励每一位同学在社群里接龙，或者转发到朋友圈立誓。这一段誓言我也摘取到这里，有兴趣你也可以改一改来使用：

冬季已至，

从今天开始加入师北宸21天写作训练营，至毕方休。

我将不耽于玩乐，不时刻刷朋友圈。

我将悬梁刺股，生死于斯。

我是唤醒黎明的闹钟，照亮午夜的台灯，

守望作业的双眼，追寻知识的灵魂。

我将生命与希望献给写作，日日如此，闭营为止。

21天，我将死磕自己的是：

21天，决不掉队，把万能写作法贯彻到底。

我敢承诺，你敢吗？

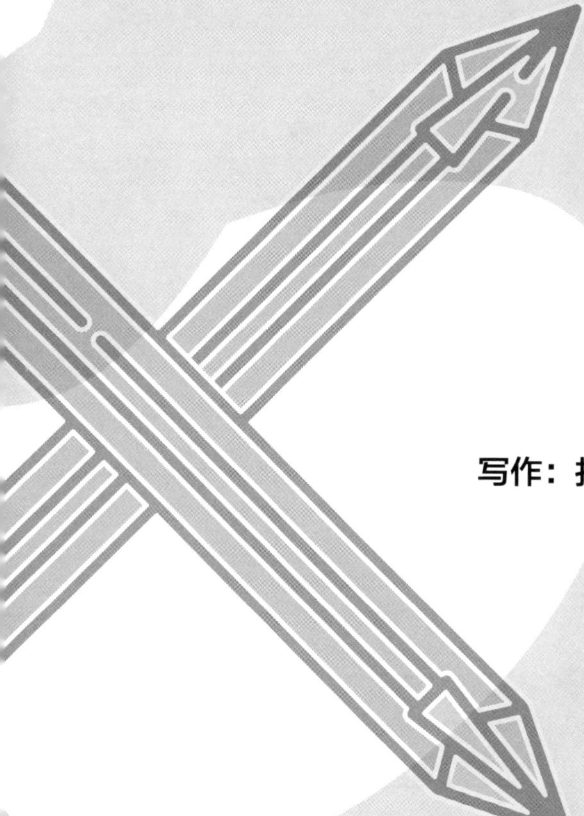

# 第五章

## 写作：打造个人品牌的武器

## 简单易行，万能写作法

这是一本谈论写作方法、写作技巧的书，其实任何方法的结构框架都非常简单，可是要学好写作并不容易。阻碍因素并不是方法太难，而是你常常会在学习和练习的过程中怀疑自己，然后渐渐迷失，甚至会怀疑自己的方法不可行或不可靠，殊不知，未能学成是因为你自己放弃了。我希望通过前四章的内容，帮助你建立对写作的信心和信念，这是为什么写作的方法要放在最后讲。如果只是直接拿着方法上路，你极有可能半途放弃。

○ 经典写作书的局限：难以上手，难以践行

市面上能买到的教人如何写作的书，我都买来读过。书中的很多写作建议，读起来都非常有道理，初次接触这些理论甚至让人觉得震撼。

但这些写作方法有一个共同问题：难以践行。

《1984》和《动物庄园》的作者乔治·奥威尔曾在《政治与英语》一书中写了他写作的六条基本规则：

第一，绝不要使用在印刷物中经常看到的隐喻、明喻和其他修辞方法。

第二，如果一个字能说清，不要用两个字。

第三，但凡一个字能删掉，一定要删掉。

第四，只要能用主动语态，绝不要用被动语态。

第五，能用常用词的时候，不要用外来词、科学术语和行话。

第六，绝不要用粗俗语言，为此可以打破上面任一规则。

奥威尔这六条基本规则，都是非常具有原则性的指导方法。可是，如何判断"但凡一个字能删掉，一定要删掉"本身就是很复杂的问题，特别是在不同的语境里。比如，当你需要引用一位识字不多的农民的口语化表达时，难免就有很多赘语。而这时候，不删或许会更好。你保留对方的啰唆，是为了展现对方是一个什么样的人，而精练了的语言却没有这个效果。

粗俗的语言也有类似的问题。好莱坞导演马丁·斯科塞斯翻拍了《无间道》，整部电影出现了 100 多次脏话，这却并不影响它摘得 2007 年奥斯卡最佳导演奖和奥斯卡最佳影片奖。

这些原则看似很简单，判断在什么情况下运用却很困难。

践行奥威尔的六条写作基本规则，需要考虑几个问题：

○ 它适用于文学性写作，还是适用于非文学写作，还是两者都适用？

○ 它是放之四海而皆准的定律，还是参考性的写作方法？

○ 它适合初学者、进阶者，还是专业写作者？

我们知道，所有的规则和定律都有其适用的条件和范围，超出这个范围，定律就不起作用。

如果逐一延展，你会发现，对于写作者而言，需要不断去“悟”，才有可能逐渐在自己的写作过程中运用得上。杰出的作家，却不一定是杰出的写作老师，好的写作者与好的写作老师是两码事。

那么，好的写作老师是如何教写作的？

威廉·津瑟出版过一本写作方法书——《写作法宝》（*On Writing Well*），畅销 150 万册。

在《写作法宝》中，他讲到很多原则性的写作方法。我从书里的写作方法中，提炼了四句话。

○ 写作是门手艺，而非艺术。

○ 专业作家会建立每天的写字计划并严格执行。

○ 如果读者在阅读中迷失了，通常是因为作者不够小心。

○ 养成习惯：读一读今天人们正在写什么，过去那些大师又在写什么。

你能从这四句话中看出什么？我认为，威廉·津瑟的这些写作方法，是写给“专业作者”的。我们可以尝试对这四句话做一些简要的分析。

写作是门手艺，而非艺术。请你想一想，什么样的行当需要一门手艺？相声表演者、歌手、演员、设计师、公关人员、运营人员、市场人员……这些人在一个行当里锤炼多年，会练就出自己的手艺。

你可能听说过“一万小时定律”，“一万小时定律”是马尔科姆·格拉德维尔提出的理论。在格拉德维尔看来，要成为某个领域的专家，需要

10 000小时。按每天工作8个小时计算，一周工作5天，成为一个领域的专家差不多需要5年。

如果按照这个标准，立志要成为一个写作方面的专家，那威廉·津瑟的书非常适合你。

如果你是专门给媒体写稿的作者，或者是一名新媒体编辑，或者像我一样需要筹备课程、写书、写专栏文章，那么它非常适合作为一本写作进阶指南，帮助你精进写作这门手艺。

但如果你是一位销售人员、一位律师、一位医生或者一位建筑师，想学习写作，拿到《写作法宝》之后，你在很大概率上会不知道如何下手。

在适用性上，威廉·津瑟的《写作法宝》依然存在和奥威尔的六条基本写作规则一样的问题：它到底适合什么人？什么写作场景？

要回答这两个问题并不容易。因为在写作领域最具才华的人，往往非常感性，而考虑这几个问题，需要有极强的理性和逻辑思考能力。这需要不断试错和验证。

虽然写小说也很艰苦，但不断试错和验证，并不是作家们习惯的思维方式。

白居易写完诗之后，会读给文化程度不高的老太太听，遇到老太太不懂的地方，他就修改，一直改到老太太能听懂为止。这就是所谓的“老妪能解”。

写文章应该追求“老妪能解”，而学习写作的方法，更应是“老妪能解”的。

很多人说自己数学不好，但是给你一道计算题，你还是会算的；有些人说自己语文很好，因为在考试中拿了高分，可是一踏入职场，写不好邮件的却大有人在……

如果写作也有像算法口诀一样的工具，你是不是立马就能上手，无论写什么东西，再也不害怕了？那么，有没有一种写作方法像算法口诀一样，能让我们拿着一张表格或者一个公式，就得出答案？

## 万能写作法写作公式——人人都可上手学习

我笃信一句话：大道至简。

在写作上，也有一个简单的法则。你只需要一个口诀或公式，就能完成一篇文章，而这个公式适用于你日常生活中的绝大部分写作场景。

这个写作法则，我称之为“万能写作法”。

万能写作法的公式只有三个核心元素：

○ 观点
○ 案例
○ 总结

我把一个具备这三个元素的段落组合称为一个完整的写作单元。一篇文章，就是若干个写作单元的汇总。也就是说，我们可以用模块化方式撰写一个一个的写作单元，并像玩乐高积木一样，把它们组合起来，形成一篇完整的文章。

总结并不是一个写作单元必须具备的元素，有时候，只具备观点和案例也可以成为一个写作单元。然而总结，可以让一个写作单元更好地收尾。

以威廉·巴克莱的《幸福》为例：

幸福的生活有三个不可缺的因素：一是有希望，二是有事做，三是能爱人。

有希望

亚历山大大帝有一次大送礼物，表示他的慷慨。他给了甲一大笔钱，给了乙一个省份，给了丙一个高官职位，他的朋友听到这件事后，对他说："你要是一直这样做下去，你自己会一贫如洗。"亚历山大回答说："我哪会一贫如洗，我为自己留下的是一份最伟大的礼物。我所留下的是我的希望。"

一个人要是只生活在回忆中，失去了希望，他的生命便已经开始终结。沉溺回忆不能鼓舞我们有力地生活下去，只能引导我们逃避，好像囚犯暂时逃离监狱。

有事做

一个英国老妇人，在她重病自知时日不多的时候，写下了如下的诗句：

现在别怜悯我，永远也不要怜悯我，

我将不再工作，永远永远不再工作。

很多人都有过失业或者没事做的时候，会觉得日子过得很慢，生活十分空虚。有过这种经验的人都会知道，有事做不是不幸，而是一种幸福。

能爱人

诗人白朗宁曾写道："他望了她一眼，她对他回眸一笑，生命突然苏醒。"生命中有了爱，我们就会变得焕发、谦卑、有生气，新的希望油然而生，仿佛有千百件事等着我们去完成。有了爱，生命就有了春天，世界也变得万紫千红。

最完美的祷告应该是："主啊，求你让我有力量去帮助别人。"

这是一篇非常标准的万能写作法的范本。

幸福生活有三个不可或缺的因素，文中对每一个因素的叙述都是一个万能写作法的写作单元，整篇文章就是三个写作单元的组合。

以"有希望"这个写作单元为例，我们拆解一下。

观点：

幸福生活不可缺的因素之一：有希望

案例：

亚历山大大帝有一次大送礼物，表示他的慷慨。他给了甲一大笔钱，给了乙一个省份，给了丙一个高官职位，他的朋友听到这件事后，对他说："你要是一直这样做下去，你自己会一贫如洗。”亚历山大回答说：“我哪会一贫如洗，我为自己留下的是一份最伟大的礼物。我所留下的是我的希望。”

总结：

一个人要是只生活在回忆中，失去了希望，他的生命便已经开始终结。沉溺回忆不能鼓舞我们有力地生活下去，只能引导我们逃避，好像囚犯暂时逃离监狱。

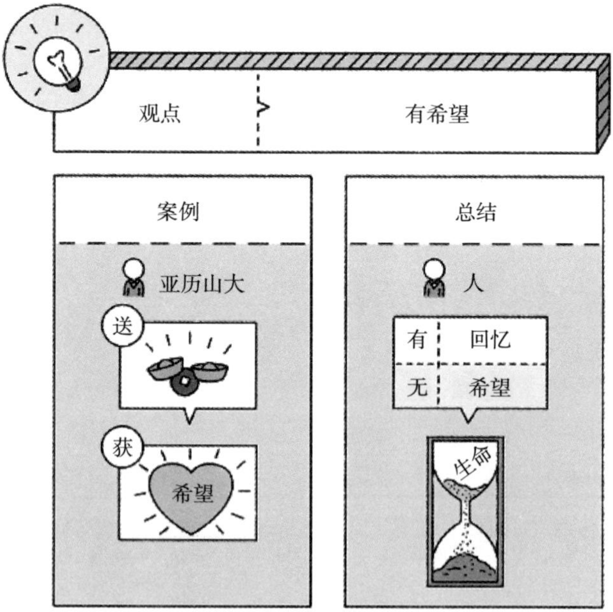


图 5-1 万能写作法故事案例解析

这是一篇结构上非常工整的文章，通过拆解的方式，我们可以捕捉到作者的观点，以及作者为了证明其观点使用的案例。

## 万能写作法三要素

**万能写作法三要素的第一个要素：观点**

可以是作者希望传递的一个具有价值导向的观点，也可以是一个作者描述的事实。

比如，“我认为女性生完孩子不应该当全职主妇”。作者对类似的话题有强烈的看法，这是一个具有价值导向的观点。

再如，“这个苹果250克重”。这不是作者的看法，而是在描述一个事实。

为什么我在万能写作法里用的是“观点”，而不是“观点与事实”或“观点或事实”呢？

如果我们进行更深层次的分析的话，任何一位作者在写作过程中对素材的选择本身就是一种主观的表达。筛选事实时，选择表达什么、不表达什么，是一种主动的行为，它反映了作者的取舍。

还有一些表达，一开始是观点，之后变成事实。

比如科学上的很多学术观点或假说。牛顿三大定律刚刚出现的时候，是一种观点；当它被广泛验证之后，就成了一种客观事实。达尔文的进化论则处于观点与事实之间，它在逻辑上的推演严谨，可是却无法被完全验证，如果在科学上对它进行表述，对达尔文进化论更合适的描述是

“假说”。

这里我们不做过深的探讨，无论是事实、假说，还是定律、原则，在我看来，通通都是“观点”。作者有自己的叙述逻辑，即使是科学定律，作者可以提出认可意见，也可以提出反对意见。对定律的认可——即对公认事实的认可，依然是一种观点。

**万能写作法的第二个要素：案例**

故事、数据、逻辑推理与论证的过程，都可以涵盖到这个要素里面去。

○ 故事型案例

下文是美国前总统奥巴马在美国开学日发表的演讲节选，题为《我们为什么要上学》：

> 我知道，对你们中的许多人来说，今天是开学的第一天，你们中有一些刚刚进入幼儿园或升上初、高中，对你们来说，这是在新学校的第一天，因此，假如你们感到有些紧张，那也是很正常的。
>
> 我想也会有许多毕业班的学生正自信满满地准备最后一年的冲刺。不过，无论你有多大、在读哪个年级，许多人都打心底里希望现在还在放假，以及今天不用那么早起床。
>
> 我可以理解这份心情。小时候，我们家在印度尼西亚住过几年，而我妈妈没钱送我去其他美国孩子上学的地方读书，因此她决定自己给我上课——时间是每周一到周五的凌晨4点半。

显然，我不怎么喜欢那么早就爬起来，很多时候，我就这么在厨房的桌子前睡着了。每当我埋怨的时候，我妈总会用同一副表情看着我说：“小鬼，你以为教你我就很轻松？”

所以，我可以理解你们中的许多人对于开学还需要时间来调整和适应，但今天我站在这里，是为了和你们谈一些重要的事情。我要和你们谈一谈你们每个人的教育，以及在新的学年里，你们应当做些什么。

这篇演讲稿的核心观点，是奥巴马在这一个模块之后才提到的——责任。

为了阐述责任，奥巴马在演讲的开头用了什么案例呢？从“我知道，对你们中的许多人来说，今天是开学的第一天”开始，一直到“但今天我站在这里，是为了和你们谈一些重要的事情。”他都在讲故事。我们可以提取他讲述自己小时候学习的故事：

小时候，我们家在印度尼西亚住过几年，而我妈妈没钱送我去其他美国孩子上学的地方读书，因此她决定自己给我上课——时间是每周一到周五的凌晨4点半。

显然，我不怎么喜欢那么早就爬起来，很多时候，我就这么在厨房的桌子前睡着了。每当我埋怨的时候，我妈总会用同一副表情看着我说：“小鬼，你以为教你我就很轻松？”

在这个演讲中，奥巴马重点阐述了这个观点："作为学生，如果你不承担起自己的责任，学校、老师、家长没有任何一方可以帮到你。"

借助一个自己亲身经历的小故事，他就完成了对"学生应该承担自己的责任"这一观点的阐述。

这就是故事型案例的作用。

○ 数据型案例

还有一些案例的表达则是通过数据或者逻辑推演论证的方式实现的。

比如，我曾经写过一篇文章《每家企业都必须面对的难题：10 倍变化出现时怎么办？》。

在这篇文章开头，我是这么写的。

> 我有不少朋友做投资，当我问他们如何做投资时，好几位给我的答案是一样的：做投资最重要的是看行业，然后才是看公司。如果行业趋势增长有限，那么就别在这个领域浪费时间和资金。
>
> 前些天，NEA（恩颐投资）中国区执行董事给我看了他们做的一个对所有在美国首次公开募股的中国互联网公司的统计和分析，分析结果表示：
>
> 从 1999 年到 2016 年 5 月底，如果不考虑投资策略，每一支在美国或香港上市的中国互联网公司的股票你都买进，投资回报能到 6.2 倍（平均周期 7 年）。
>
> 如果你非常有眼光，买到了表现最好的十家公司的股票，

你的投资回报能有 38.9 倍。

这几段话的核心观点是：做投资第一重要的是看行业，然后才是看公司。

这个写作单元中，案例是：

【案例 1】从 1999 年到 2016 年 5 月底，如果不考虑投资策略，每一只在美国或香港上市的中国互联网公司的股票你都买进，投资回报能有 6.2 倍（平均周期 7 年）。

【案例 2】如果你非常有眼光，买到了表现最好的十家公司的股票，你的投资回报能有 38.9 倍。

【案例 1】是为了说明，只要看准了行业，投资回报率就非常高。

【案例 2】是为了说明，在看准行业的前提下，如果你对公司有判断力，你可以获得更高的投资回报。

两个案例都论证了开头做投资的那些朋友的观点：做投资第一重要的是看行业，然后才是看公司。

这些为了证明观点的表达方式，我们通通用“案例”来概括。有些案例是通过故事来阐述，有些案例是通过引用一段数据来阐述，还有一些案例是通过逻辑推理来阐述。

很多时候，我们对一件事情的观点可能只有几种，可是阐述观点的方式却千姿百态。好文章往往不是因为观点多么标新立异，而是因为阐述观点的过程好看、精彩、有趣、有料。

如何写好案例，是作者功底的体现。

**万能写作法三要素的第三个要素：总结**

文章要有一个好的结尾，以起到以下几个作用：

○ 回顾文章主题，让读者明白你在表达什么。

一般来说，一篇文章只有一个主题，如果你能用一句话概括整篇文章的核心意思，读者读完之后，能理解你想表达的意思，你的文章也就起到了传递你的观念、理念的作用。

比如，在《每家企业都必须面对的难题：10倍变化出现时怎么办？》这篇文章的最后，我用了一句话结尾——当（企业）面临巨大的变化的时候，要么发达，要么死亡。

○ 升华主题。

奥巴马在《我们为什么要上学》这篇演讲的最后，是这么说的：

> 你们的家长、老师和我，每一个人都在尽最大的努力，确保你们都能得到应有的教育来回答这些问题。例如我正在努力为你们提供更安全的教室、更多的书籍、更先进的设施与计算机。但你们也要担起自己的责任。
>
> 因此我要求你们在今年能够认真起来，我要求你们尽心地去做自己着手的每一件事，我要求你们每一个人都有所成就。请不要让我们失望——不要让你的家人、你的国家和你自己失望。

你们要成为我们骄傲，我知道，你们一定可以做到。

因为是一篇演讲稿，作为总统，他的责任就是号召和鼓舞大家行动起来，认真学习，让自己有所成就。

总结的方式有很多，你可以随手找几篇网上的文章，或者其他的书，思考一下：在文章的结尾或者书的每一节的结尾，作者是如何进行总结的？

# 遵从本心，照料他人

## 为何而写？——写作目的

《原则》这本书在进入正文之前，瑞·达利欧就写道：

○ 你想要什么？
○ 事实是什么？
○ 如何行动？

这让我想起网上流传的一个段子，进北大之前，保安会问的“人生哲学终极三问”：

○ 你是谁？
○ 你从哪里来？
○ 你将到哪里去？

其实瑞·达利欧的问题与北大保安的“人生哲学终极三问”说的是一回事儿。

“你想要什么”，说的是“你将到哪里去”；

“事实是什么”，说的是“你是谁”和“你从哪里来”；

“如何行动”，说的则是“你将到哪里去”。

很少有人深入思考这个问题——你想要什么？

大多数人思考的是：“我要不要去学计算机？我要不要去学设计？”“我应该去互联网公司还是房地产公司？”“听说互联网金融（此处可以替换成任意风口词汇：区块链、人工智能、无人驾驶等）很火，我要不要去从事互联网金融？”

我们再来回顾一下这三句话：

○ 你想要什么？

○ 事实是什么？

○ 如何行动？

虽然瑞·达利欧并没有在书上标记1、2、3，可是，这三句话在逻辑上是递进关系。你得先知道自己想要什么，即你做事情的目标和目的。然后再看看，你手里都有些什么，以及外部情况是什么。基于前面这两点，你才能制定你的行动计划。

当你产生“我要不要学计算机？”的困惑时，你需要追问自己一个问题：学计算机是为了什么？因为计算机行业很火，学完好找工作，还是因为你很喜欢，一碰到计算机就开心，想写代码、开发程序，抑或是觉得自己不喜欢和别人打交道，学计算机则大部分时候只需要和电脑打交道就可以了。甚至，你也不知道自己为什么要去学，只是因为周围的人都在学，他们说学计算机挺好的，所以你也想去学一下……

在写作这件事情上也一样。请问，你写作是为了什么？

我们不仅要反复问自己，写作是为了什么，还要在写每一篇文章之前问自己：“我写这篇文章，希望达到什么目的？”

你可能从没追问过自己这个问题，甚至会说：“我就是想写啊！为什么要问那么多？”

很多人每天很努力，很勤奋，做了很多事情，却不知道自己为什么做这件事。

很多文章，乍一看，其目的是不言而喻的。比如，求职信的目的是获得面试机会；写提案，是为了中标，拿下客户和订单……

我收到过一条这样的端午节祝福信息：

端午节快乐！记得小时候过端午节前一天，都要住在姥姥家，端午当天，早晨起床要用姥爷带回来的艾草泡水洗脸，再把一绺艾草挂在大门上，然后会吃姥姥做的凉糕，一个大案板，一层江米，一层黄米，中间夹着红枣，姥姥还会切成若干份装在碗里，送给周边的邻居，邻居也送出他们做的，时光荏苒，珍惜身边人，感恩身边人，热爱生活！

看到这条信息的时候，你是什么感受？微信上一个小红点，点开发现跟我没关系，然后退出。

像这样的信息就偏离了它本来的目的——你以为你在祝福别人，其实你骚扰了不相关的人。

再比如求职信。

我认为求职信是你求职过程诸多环节中的一个（其他求职环节包括写简历，找朋友帮忙推荐，给应聘公司写自己的想法和建议，当然也包括笔试与面试环节），如果你把每一个环节拆解开，你会对写一封求职信的目的有新的理解。

一般而言，求职信会作为简历的补充，被一起发到公司HR（人力资源管理人员）的邮箱。

如果简历没有优势怎么办？那就写一封求职信。

求职信的目的有两个，一是找到工作，二是给招聘的人提供更多信息，让对方更充分地了解自己，从而给自己一个面试机会。

第二个目的显然更加现实，更能突出重点，实际上也更容易下笔。

我在前面讲过一个案例，罗永浩早年去新东方求职时试讲了两次，两次都失败了。后来他给俞敏洪写了一封六七千字的求职信，详细阐述为什么自己适合当一名老师。后来俞敏洪给了他第三次试讲机会。他把握住这一次机会，进入新东方，成为新东方名师。

## 写给谁看？——读者思维

很多人在刚开始写作时的想法是："我想写什么就写什么啊，为什么要去管别人爱不爱看，我自己开心就好！"

有一位把写作当作禅修的作家纳塔莉·戈德堡，她在《不安的时候，坐下来写》中写道，她曾尝试坐下来呼吸，让自己的意念集中在两鼻翼之间，但她发现这对自己完全不管用；后来尝试写作，竟然也无法阻止大量的妄念在头脑中涌现。自己越抵抗，妄念越强大。最后，她发现了一个新思路：不要去抵抗它，而要抽离出来，静静去体会它、观察它。

如果你不带成见，不批判、不抵抗，如实呈现、接纳内心的想法，就像镜子一样去反射它，这些妄念会奇迹般地消失。

如果你觉得自己很有压力，就在纸上写："我压力很大。"你可能不知道第二句怎么接了，那也无所谓，你只要想到什么就写什么。

纳塔莉说，这就是一种不反抗，不挑剔，全然接受，"我手写我心"的状态。这种写作不是有意识、有目的、有意图地去表达什么，而是将心里此时此刻的感受巨细无遗地展现出来。

所以她给别人提供的写作建议，反而是这样的：

○ 允许自己写出全世界最烂的文字。

○ 不要控制。

## 允许自己写出全世界最烂的文字

很多人有“写作恐惧症”，觉得自己笔下的文字面目可憎，别说让别人看了，自己看见都很不舒服，羞愧难当。这是一种不接受自己的状态，你一旦不接受自己，就很可能陷入焦虑。事实上，我们身上似乎有一个“内在父母”，不停在挑剔自己、指责自己，让我们持续地处于一种羞愧、退缩、焦躁的状态。

你可以写无聊的事情，抱怨、暴力、生气、执着，具有破坏性的、恶毒的、丢脸的、害羞的、脆弱的思绪，直面它们，并和它们交朋友。接受你的自我。我们与自我相处的时间太短了，给予自我的欣赏、包容和鼓励太少了，以至于这个自我一旦出现在面前，你就会焦躁不安。所以，我想重申一点，焦虑在很大程度上是因为我们不能够直面自己、正视自己、接受自己。因此，接受自我，允许展现自己，把这些写下来，并接受它，哪怕那是全世界最烂的文字。

## 不要控制

不要强迫自己非得写成什么样，说你想说的话，而不是你认为自己应该说的话。在这样写作的过程中，你和自己的心智建立了某种连接，无论面对的是什么，你都学会了包容，而这种包容就是放下，“放下”就是我们能到达的最终境界。

这两个字说起来很容易，但做起来不易，像庄子说的“至人之用心若镜，不将不迎”，如实地映照自己眼前的一切而不做任何评判，不让任何杂乱的影像驻留在自己心里，何其不易。

当我们的心进入这样一种状态的时候，我们就悄悄完成了一件事情：让焦虑消失。

著名的心理学家卡尔·荣格说过一句话：你反抗的东西不仅会持续存在，而且会变得越来越强大。当我们越是有意识地抵抗焦虑的时候，得到的将会是越大的焦虑。

纳塔莉·戈德堡告诉我们：写作的首要目的是让你面对自己，满足自己，而这时候的读者也是你自己。

当有他人作为读者的时候，你则需要思考更多的问题。比如他们是什么样的人，他们是否会满足你提出的需求；你的观点和行文方式，是否会引起别人的反感，是否很容易引发共鸣和认同；你是否用了太多的行业术语，或者太啰唆，让对方失去了耐心。在这时候，你必须设身处地去思考，当读者读到你写的东西的时候会产生什么反应。

如果再深入一点，你可能得琢磨，读者掌握了多少信息、缺少什么信息、最需要什么信息；你希望读者读完你的文章给予你什么反馈；你是要让他知悉一些东西，还是希望他采取行动，抑或是希望获得他的支持。你的写作是为了激怒对方，还是为了安慰对方……

这时候，你的文章要做到“照料他人”。

写作，就是一场对话之旅，与自己对话，与他人对话。

开始写作前，问问自己，是否发自内心认可与拥抱每一句话；发出去之前，再问问自己，这篇文章的每一句话，是否都与自己的目的相关，是否每一句话都是读者想看的。

不断追问，不断改进，你一定能写出好文章。

## 重要的事情再说一遍

针对逻辑性写作或说理性写作，你只需要掌握下面这两条基础性原则。

首先，写作方法只有一个：万能写作法。你可以用万能写作法写非文学的所有类型的文章。在写作训练营，我已经用这个方法试验了一年多，事实证明，绝大部分学员都可以立马上手。

其次，写作要素只有两个。我分别从两个维度对这两个写作要素做了阐述：

- 写作目的，读者思维。想清楚这两个问题，你就更明确知道自己要写什么。
- 遵从本心，照料他人。

这两条基础性写作原则，贯穿写作全过程。

# 别给自己找借口

写作技能是通过训练习得的，仅仅是欣赏与品味，你依然只是一个局外人和旁观者的角色，而不是一个写作者的角色。要想成为真正的写作者，必须每天倾注时间，刻意练习。

在写作过程中，我们依然会面临诸多困惑。

## 究竟什么样的人可以写作？

我高考语文不及格，中学的时候作文经常在及格边缘，小时候也不爱读书，高中的时候周围的同学都爱读金庸，而我只爱看金庸的电视剧。我曾经很努力地让自己读完了《笑傲江湖》，但读完就不记得了。要不是有电视剧，人物和情节都忘掉了。四大名著中因为喜欢看《三国演义》的电视剧，之后也算勉强读完了《三国演义》。

高中时我最喜欢读韩寒和郑渊洁的书。郑渊洁那时候创作了很多长篇小说，也被称为“成人童话”，风格更加现实、荒诞及暗黑，《金拇指》《智齿》《病菌集中营》《白客》《生化保姆》等都属于此类，这些长篇小说最早在《童话大王》连载，我每个月都很期待《童话大王》的上市，刚一上市同学就去买，等同学读完，我就赶紧去借，一两节课的时间一口气全部读完。为此，我爸爸还经常笑话我，都这么大了还在看童话。

大学我学的是电子商务，学位是工科学士。直到大三下学期接触互联网之后，我开始比较系统地阅读和翻译，并很快成为专栏作家，这才发现原来写作其实并不难，更不玄，每个人都能写作。关键是你对写作的目标和期待是什么。就好像每个人都会跑步，但跑一公里，和跑马拉松之间，是有巨大区别的。

在我看来，写作包含了三个层面的价值：精神、情感与功能（图 5–2）。

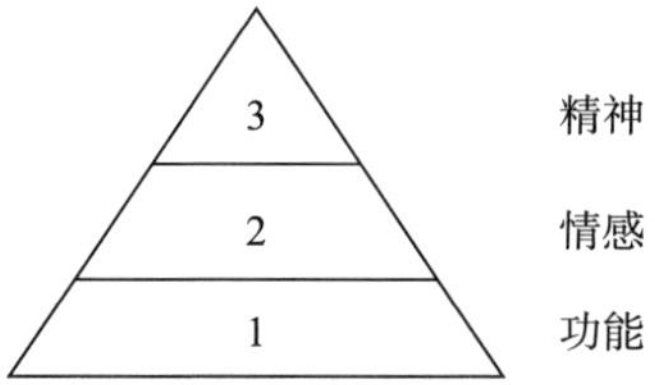


图 5–2　写作的价值三层面

首先是功能价值。我们在日常工作和生活中需要写汇报、与同事书面沟通、给客户写方案、写复盘和总结或者分享自己在某个领域的收获和心得，这一类写作场景十分常见，其实是体现写作的功能性。最频繁、最基础、最实用，但是最稀缺。这是写作最基础的价值和最显性价值。

第二层价值我认为是情感价值。可能很多人不知道写作是一种非常好的疗愈方式。如果你有非常多的想法，渴望被别人接纳，但是身边并没有一个能很好地倾听你，给予你支持的人，那么写作是一种非常好的倾诉与表达方式。甚至对于有过重大创伤经历的人而言，通过文字去讲述创伤经历的细节，往往能有非常好的疗愈效果。

我们可以时不时通过写作清空内存，降低内耗。这一类型的写作，更像是正念类的活动，比如冥想、瑜伽等。正念是人高度觉知和专注时的一种个人体验。一些学员连续参加多期写作训练营，也有这方面的原因：这里有一个更具安全感的环境，友好、正向、鼓励、支持，有不评判的氛围，有很多的“允许”。在这个环境里待久了，大家普遍觉得更有勇气、更自信，更敢于突破自我、勇于表达以前所不敢表达的事情。在这个过程中，焦虑和压力得到缓解，并获得更多的专注和愉悦。

而这个层面的写作，与功能性写作和艺术性写作无关；与写作技巧无关，每个人都可以学习，而且适合每个人去学。只要有一支笔、一张纸，就可以写。

写作的第三个层面，我称之为精神写作，也就是艺术性和文学性写作。当大部分人来问“我底子不好，能不能学习写作”时，潜台词是：“我能不能从事（文学）写作？”

每当被这样问起时，虽然我不写小说、诗歌等文学类作品，但我总是会说：“你是否喜欢？喜欢就去写吧。”然而还有更重要的下一句：“你愿意为此付出多少时间和努力？”一时热情是非常容易的，但想要在这一方面有所成就，就得花时间不断付出努力。

写作这件事情，任何时候开始都不晚，尤其当你有一定的生活阅历和经历后去写作，反而能写得更好。要想写出好文章必须有积累，而生活阅历就是最好的积累。

在我的理解里，好的文章是需要真情实感的，很多时候直白的表达反而显得质朴而纯粹。鲁迅谈如何写作，无非就四点："有真意，去粉饰，少做作，勿卖弄"。其中第一个要点，就是"有真意"。其实仔细读后面三个要点，"去粉饰，少做作，勿卖弄"，无非是对"有真意"这一个要点的延展。

## 无法进入写作状态怎么办？

从 2015 年年底到 2017 年年初，我工作特别忙，每天不是奔波在见客户的路上，就是在给客户策划方案。好不容易有一些时间想坐下来写点东西时，却发现很难写出来。日常读书的时间少了，而且习惯了每天通过口头沟通大量输出，一坐下来就觉得写作好慢啊，一个字一个字地写，比脑子和嘴巴都慢太多了。

后来，我看到巴尔扎克对写作的看法，他说："对作家（包括小说家）来说，最基本和必需的就是要耐得住一次只能写一个词的枯燥，那是当任何作家的首要条件。"

日本导演黑泽明也说过类似的话："最基本的，是要有一次写一个词的耐心，直至达到所需的长度。太多人缺乏这种耐心了。一旦你习惯了，写起来就会毫无困难。写剧本，你只需要纸和铅笔。……乏味的写作工作，必须成为你的第二天性。如果你坐下来静静地写一天，至少能写两三页，即使这挺费劲。如果能坚持下去，最终就能写出上百页。我想，今天的年轻人不知道这个窍门。他们一开始就想立即写完。"

我们讲话要比写快多了，写作需要用低速挡缓慢前行，耐心推进，如果你发现自己很难进入写作状态，很可能就是太急躁、太贪求速度而无法忍受写作之慢。很多人太希望写出预想中完美的文章，太希望坐下来一个小时就能写上 2 000 字，且文章逻辑严密、案例精彩、观点突出。在这种心态的干扰下，越写越耐不住性子，越写越觉得不满意。

我在最开始写作的时候，每天必须有 2~3 小时不受打扰的整段时间，不能有声音，也不能有电话，否则我的写作会被打断，甚至终止，这时候我的思考也会被打断，进行不下去。

2014 年，我在一家创业公司工作，常常是早上 10 点上班，晚上 12 点下班。到了周日得补半天觉，然后利用下午的时间要求自己必须再写一篇专栏。当时我住的地方离公司很远，工作很忙，甚至周日的时间也不完全可控，为了让自己每周都能写出一篇文章，我锻炼了在公交车上写、在出租车上写、出差时在飞机上写甚至在路边的椅子上写的能力。

我认为这样严苛且紧张的工作环境，对我来说其实是一个特别好的检验。一方面，它检验出了我对写作是真爱，无论再忙再累，我都会愿意为这件事情付出时间。如果不做，我就觉得缺少了一些东西。另一方面，它还检验出人在极端环境下的可能性。你远比你想象的更有能量，你远比你想象的更有潜力，人在恶劣情况下所激发出的潜能是你自己所想象不到的。有一次，我在帮客户盯一场活动，活动刚刚结束，我就跑到马路边的长凳上去写稿、改稿，直到和客户确认完再离开。在不同的工作环境下，我训练出了更有适应性的写作技能。

当时我写一篇专栏文章需要提前构思好几天，在这几天会搜集素材，零零散散记录自己的灵感和写作要点。比如，有一次，我在公交车上的大半个小时，完成将近 1 000 字，回到家后又用了大概一个小时，把文章写完。所以在这种情况下，我基本上已经有了清晰的思路和准备妥当的素材，写作也变得相对轻松。

但也是这样的习惯，成为我在后来一年常常“难产”的原因——如果日常没有积累素材，提笔写就很难。而现在我又开始突破这个习惯：如果没有提前打好腹稿，那就想到什么写什么。总之，先写下来。这样写的好处是，不给自己借口和理由，立即动笔，不拖延。

在这个过程中，我的读书习惯也发生了微妙的变化。比如从 2017 年起，我重新开始阅读纸质书。我曾经是狂热的电子产品迷，十年前就写了很多文章大力鼓吹“电子阅读是大趋势”“大家都要多读电子书抛弃纸质书吧”，现在想来当时的自己真的很蠢。电子阅读的大趋势和每一个个体的选择是两回事，我以为自己看到了趋势，却忽略了每个独立个体的选择和偏好。即使在数字摄影已经成为绝大多数电影导演的选择时，依然有昆汀 · 塔伦蒂诺和克里斯托弗 · 诺兰这样优秀的导演依然选择胶片拍摄。

我开始转变思维，不使用电子阅读器读书的主要原因是：它无法让我自由地在读书时写写画画。我在 2018 年花了一万多元买了一台 iPad Pro 并配了 Apple Pencil，Apple Pencil 相当于笔，iPad Pro 相当于纸。说来可笑，苹果公司不断提升用户体验，只是为了模拟人们在几千年前就拥有的体验：用一根小树杈在泥土地写写画画的感觉。现在除了正式的写作——比如写这本书，我绝大部分写的行为也交回给纸和笔。每天见了谁，见完之后写下一到两页纸；每天起床或睡觉前，花 20 分钟写一写；当笔碰触到纸的一刹那，你一定能写出点什么东西来。那些模糊的、呼之欲出的、似是而非的、就差捅一下窗户纸你就可以理解和想清楚了的时刻，是最需要借助纸和笔帮助你厘清思考的时候。

华盛顿大学的一项研究表明，手写作文的学生更容易写出完整的的句子，阅读速度也更快。《子弹笔记》的作者赖德 · 卡罗尔认为，相比于打字，手写同时激活了大脑中的多个区域，动手写字所带来的触觉训练能更有效地刺激大脑。

菲利普 · 科特勒被誉为“现代营销学之父”，他撰写的《营销管理》是许多高校市场营销专业学生的必读教材。我的一位朋友王赛是科特勒咨询中国区合伙人，他去美国拜访菲利普 · 科特勒先生时，发现现年（2019 年）88 岁的菲利普 · 科特勒依然每天都带着纸和笔，但凡有洞见闪现，立即记下，到了晚上再整理到电脑里。在阅读的过程中，如果发现报刊里有启发性的内容，他也会立即剪裁收好，放入资料库。

把写作的预期降低，把写作的速度放慢。如果把写作当作稀松平常的事情，就像列一个旅游清单、购物清单一样，你一定马上就能进入写作状态。

## 给写作来一点仪式感

一个对你有心理暗示的写作环境和写作前的一个仪式，能帮助你更快进入写作状态。安替曾经说过，每次写专栏文章之前，他一定要自己手冲一杯黑咖啡，闻着咖啡的味道开始写作。蔡志忠的习惯是每天下午五点半同事们下班后，他就去睡觉，凌晨一点起来，然后冲上一杯咖啡，点一根烟，望着满天星空开始思考。半小时后，他开始进入自己的工作状态。

创业后，我要花很多时间研发和打磨课程，临近交稿时间总是倍感压力，十分焦虑。我的做法是早上起来先出去溜达一圈，在便利店买上一瓶牛奶两片面包，在这个过程中酝酿自己当天要做的事情，以及当天重点要写的内容。出去溜达一圈回来，很多思路就在头脑中涌现。

写作的过程中有时候会没有灵感。灵感对写作而言很重要，但是我们不能太执着于它。有时候越是期待，它反而越会溜走。对待灵感最好的方式就是不要强求。很多作家在分享自己的写作经验时，都会提到一个习惯，就是随时记录，哪怕是半夜从梦中醒来。

罗永浩曾说，他在思考产品设计的过程中，经常会在洗澡的时候迸发出很多的灵感，可是一旦错过，事后就会完全想不起来。于是他想了一个办法：在自己的浴室安装一个录音笔，当他有灵感的时候就录下来，洗完澡再整理。这样他可以随时把自己的灵感捕捉下来。灵感可能在任何时候出现，你要做的不是坐在那儿干等着，而是有一颗随时捕捉它的心，准备好随时捕捉它的工具。

很多人在刚开始写作的时候，对写作环境会有一些要求。在我的个人体验中，其实调整好写作状态是最难的，当你有了好的写作状态，如何写反而是更容易的一件事。

这和个人成长非常类似。斯坦福大学行为设计实验室创办者B. J. 福格认为要让一个人发生持续的改变只有两种方式：一是从“小”起步，二是改变环境。

有时候给写作的学员答疑时，我会“骗”他们说：“写作很容易的，你坐下来写五分钟就可以。”有人去试了一下之后在群里告诉我：“老师，我真按照你说的去做，结果写了两个小时！”

在写书期间我同时给自己定了一个跑步的目标：每天 5 千米，在跑了一个月之后，我给自己的目标增加到每天 10 千米。刚开始跑 10 千米的时候，我心里犯怵：“妈呀，今天跑量加倍，时长也得加倍，压力好大。”但接下来我就跟自己说：“别想那么多，先换上衣服鞋子，下去再说。”

以前常常会觉得压力特别大，因为一坐下来就在想，今天要完成 5 000 字，完成写作任务后，还有两项、三项任务在等着我……而现在我会告诉自己，先坐下来，忘记时间，忘记字数，写多少算多少。通过这样的方式，我反而能更快专注于当下，很多压力也都烟消云散了。从“小”起步，你只需要关注当前那个最小的动作、最小的目标，接下来一切都好办了。

当我需要专注工作，比如写作、读书的时候，我会把手表摘掉——手表会暗示我需要看时间，而且每过一段时间它会提醒我需要走动一下，以免久坐。我在找房子的时候，要求必须有一面大落地窗，然后订制了一张桌子对着落地窗。白天如果是通过自然光而不是灯光来照明，感觉会非常好。我会把桌子清理干净，留下笔、笔记本和一杯茶。这样的环境就很容易让人进入专注的状态。我们办公室的楼下有一个花园，花园中有一些木桌木椅。完成和同事必要的沟通后，我会一个人到楼下花园去筹备自己的课程，置身于花园之中，对于课程的很多想法也会自然涌现出来。

2007年冬，J. K. 罗琳准备完成“哈利·波特”系列的最后一部作品，但是她却陷入了创作瓶颈。因为前六本书的成功，粉丝们对结局抱有很大的期望，所以她面临很大的压力。她花大价钱包下了爱丁堡市中心的五星级酒店套房，一想到酒店房费每天高达2 000美元，她不得不集中精力逼自己在六个月内完成了这部作品。

写作训练营的很多学员是报名参加过许多期的，因为他们觉得这里提供了一个超出日常环境的体验。当他们在日常生活中感受到压力、焦虑、不被接纳、信心被打压的时候，就很想继续回来；当他们回到日常生活中又开始松懈的时候，也会怀念训练营的环境。在这个环境中被认真的氛围、助教的点评、班长的关照影响，行为就很容易发生改变。

## 1 000字的输出要有10万字的输入

写作很容易，写好非常难。若没有大量的输入做基础，很难写出好文章。这就像如果没有阳光、水分和肥料，就很难结出好的果实。

《黑天鹅》的作者塔勒布公布了他的选书原则：他会先看一下一本书出版了多少年。他通过时间的尺度去判断一本书是否经典，是否值得阅读，那些离我们较远的书，往往经过时间的沉淀和挑选，更有价值。

除了选经典书以外，还要尽可能精读，甚至反复读。杨坤龙是一位非常年轻而有热情的创业者，他说他把《影响力》精读和拆解过10遍，他的课程产品在产品和营销上对受众心理的把握，大多是精读和拆解《影响力》的结果。

根据戴尔·卡内基所写的《林肯传》记载，林肯一直到青少年时期都只有5本书可以读，分别是《圣经》《伊索寓言》《鲁滨孙漂流记》《天路历程》《水手辛巴德》。他把《圣经》和《伊索寓言》放在触手可及的地方，以便能时时阅读。而这两本书对他后来的为人处世和谈话策略，以及雄辩风格产生了深刻的影响。曾经对信息极为贪婪的我在读到这个片段的时候，产生了极强的震撼。其实我们并不需要读那么多书，如果能把我们可以读到的经典的书都像杨坤龙和林肯一样精读，并在自己生活和工作中加以灵活运用，一定能做出一番成绩。

除了学会精读，还要学会“精听”。

卡尔·罗杰斯说：“一个人就是一个世界。”我对此深有体会。在创业后，我结交了一些朋友，他们常常会和我分享很多秘密和人生感悟。有时候去见朋友，甚至刚一坐下来，对方就会滔滔不绝开始讲他最近的感受、思考和心得。我自己都觉得很诧异：为什么对方愿意和我讲这么多?

后来我发现，很多时候，我不仅是听，还会不断提问，问细节、问对方的感受、问对方是怎么做的，这就更加激发了对方的讲话欲。当我开始做训练营之后，我发现一旦把人们讲话的欲望——在线上那就是写作欲——激发出来，他们能滔滔不绝说很多、写很多。

当这种事情做多了之后，我把这项能力再往前推了一步：我能把别人的精神世界“窥探”个底朝天。就像来到一个你很喜欢的新地方，很想把这个地方里里外外都探索一遍。这种方式对我而言每次都能产生新的体验。在这个过程中，我会做记录并和别人分享，之后才会“回到自己”。

后来通过阅读各类心理学，尤其是与心理创伤有关的书籍之后，我了解到，如果去倾听PTSD（创伤后应激障碍[①]）患者的经历，也有可能产生类似PTSD的症状。简单来说就是，如果你积极倾听别人的经历，你也会被这种经历感染。所谓的积极倾听，就是接纳的、共情的、给予积极反馈的聆听。

有一天，一位朋友和我谈到他对未来的规划，他希望能有一技之长，这样他就可以辞职，成为一名自由职业者或咨询师。他的想法让我想到阿荣，他们都觉得如果成为一名专家，就可以不依赖某个公司或平台，通过自己的力量获得收入和尊重。

听完他对自己的规划之后，我问他：“你准备好了接下来6个月的生活费吗？”在没有任何收入的情况下，全部押注在一个技能点上（比如写作、演讲以及不断总结自己所在领域优势），是有一定压力的。他陷入沉思。然后，他说，他和妻子陷入一段死关系，他最近刚买了房，钱都放在了房子里，每个月都有贷款要还。我问他，那为什么不离婚呢？他说：“如果离婚，孩子就跟了她，我最在意的就是孩子。否则，我早就从

① 创伤后应激障碍是指个体经历、目睹或遭遇一个或多个涉及自身或他人的实际死亡，或受到死亡的威胁，或严重的受伤，或躯体完整性受到威胁后，所导致的个体延迟出现和持续存在的精神障碍。

这段关系中出来了。”

他对此也非常无奈……他平静地叙述这些，没有抱怨，没有怨恨，只是平静地向我叙述。讲完这些之后他说了一句话：“这是我自己的选择，我不怪任何人。”

虽然我们只见过几次面，但当我听到这句话的时候，我强烈地感受到，这个人很有担当，令人敬佩。我敬佩他在命运的旋涡中平静应对的态度，没有戾气、没有抱怨。我见过太多生活中碰到一点点冲突和麻烦，就喋喋不休抱怨另一半、抱怨同事、抱怨老板的人，有时候听到一些人抱怨的时候我心里就想：这是你的选择。

经纬中国[①]的创始人张颖在混沌大学（网络学习交流平台）分享过一个故事。有一次他去参加陌陌的董事会会议（经纬是陌陌的投资方之一），参会的还有红杉资本的沈南鹏与阿里巴巴的曾鸣，这样的董事会成员配置就像美国NBA的全明星阵容或漫威宇宙的“复仇者联盟”，国内最好的投资方以及该投资方的“一把手”都是陌陌董事会成员。当时陌陌的成长碰到瓶颈，业绩表现不好，可是这次参会的所有人都没有多问唐岩（陌陌创始人）一个问题，也没有人逼迫他拿出一个完美的解决方案。会后，张颖说：“唉，我就把自己交给他了。反正我们投陌陌已经赚了，剩下的只是赚多赚少的问题。充分信任他、和他站在一起就行了。”

---

① 经纬创投创立于1977年，总部位于美国波士顿，是美国历史最悠久的创业投资基金之一，专注于对早期创业型企业的投资，在美国与红杉投资、KPCB齐名。自成立以来，经纬创投扶植了大量的成功企业，其中包括 苹果电脑 、联邦快递 、SanDisk等。

当张颖讲述这个故事的时候，我产生了强烈的共鸣。那一刻，我觉得我能理解他为什么那么做。

张颖这么做是有很大风险的。他的风险是，不仅投入了资本，还投入了情感。这很不像传统意义上人们认为的投资家的样子，而事实上张颖在他们投资之后，对被投公司的服务设计中，有非常多对被投公司创始人情感上的设计，而不仅仅是理性层面的设计。

我读过很多关于如何倾听的书，这些书不仅会告诉你如何倾听对方的信息，也会告诉你如何去观察对方的肢体动作，可是如果你打开自己的心扉去倾听对方的内心，你能得到完全不一样的感受和体验，你除了经历过一个人的世界以外，还体验到了对方的精神世界。试想，别人把对自己影响最大的书、经历和人通通分享给你，有比这更精彩的学习方式吗？

我现在优先选择的书，大部分来自和别人交流时所提及的。我把我的读书收获再和朋友交流，通过共同的阅读，我们互相之间能有更深入的理解。经过多次这样的交流之后，我明显感觉到自己对事物细微变化的观察能力提升了。节奏、情绪、细节以及对一个人、一件事更加系统而立体的看法，在这个过程中也逐渐建立。

当你处理日常事务、与人打交道、放松休息与娱乐时能体验与感受到事物的细节、变化与不同，这一切都能变成你的写作素材。如果你担心写作时没有素材，可以问自己几个问题：你对自己每天说的话、做的事情是否有足够的觉知？你是否尝试深入去了解自己？你是否尝试深入了解你身边的每一个人？你是否足够珍视那些一闪而过的灵感？你是否有足够开放的心态，去听、去读、去观察？

## 害怕被人批评、担心被退稿怎么办？

很多人刚开始写作的时候，特别害怕被退稿或文章被别人批评。这是人之常情。如果你去了解一下就会发现，很多作家也不乏被退稿的经历。

有一本很有意思的书叫《堆积如山的差评和拒绝》，里面记录了大量作家被退稿、被拒绝的经历，比如T. S. 艾略特，弗吉尼亚·伍尔芙等。J. K. 罗琳在《哈利·波特》第一部出版之前，曾被12家出版社拒绝。而大名鼎鼎的杰克·伦敦曾经在一年里收到过266封退稿信。

乔治·阿科尔洛夫是著名经济学家，他和约瑟夫·斯蒂格利茨、迈克尔·史宾斯一起提出过信息不对称理论，还因此在2001年获得诺贝尔经济学奖。然而他的获奖论文却曾经被拒稿过三次。

我的写稿经历中被退稿最多的是纽约时报中文网。纽约时报中文网对稿件的要求非常高，如果你想把一个复杂的理念阐述清楚，不能只讲道理和理论，编辑会要求你开头必须讲一个故事，通过这个故事逐渐引出你想讲述的道理和理念。此外，如果你引述了一个数据、研究或者案例，必须明确出处和来源，编辑会对你引述的资料逐一地核查，以确保资料引述严谨、准确且未被曲解。每次我写稿不够严谨的时候，总会被编辑抓到，然后打回来重新修改，直到符合他们的要求为止。一次我去听慕容雪村关于如何写作的讲座，他谈到给他印象最深的媒体也是纽约时报中文网，因为纽约时报中文网的高标准，他不得不更加认真地对待自己的稿件。

比纽约时报中文网更夸张的是《纽约客》，有一次《纽约客》为了报道胡舒立采访过传媒学者钱钢。接受采访一个月之后，他很意外地接到《纽约客》事实核查员的电话，对方用了约半小时与他逐条核对记者稿件中内容是否属实或意思是否偏差，文章中的每一个细节都不放过。

如果被拒绝、被退稿，那不妨把它当作一个让自己更加努力、追求更高标准的手段。慕容雪村在那一次讲座中提到，虽然给的稿费不高，投入的时间又非常多，但是给纽约时报中文网的撰稿经历给他自己带来的收获是最大的。

## 绝大部分写作担忧都是自我限制

最近，我开始尝试不吃晚饭，但是晚上我依然有跑步的习惯。有几次在出门跑步之前我就在担忧："没吃晚饭，要是一会儿跑步我低血糖怎么办？"于是我会在出门之前吃一片面包，或者喝一罐果汁，给自己补充一些碳水。

后来有一天我和一位跑步教练交流平时应该如何吃，他建议我平时不要吃米面，改吃红薯、玉米一类的主食。而且如果要控制体重的话，果汁也不要再喝。当天晚上在跑步之前我又产生了同样的想法：要不要补充一下体力再去跑？或许因为当天和他讨论过，我突然意识到："我身边的确有朋友到了饭点如果不按时吃饭会低血糖，可是我自己从来没低血糖过啊！”

当我觉察到这个念头，我意识到：其实，每次跑步前都是我的大脑想吃，并不是我自己的身体需要。我的大脑编了一个“我可能在跑步时会血糖过低”的理由骗我去吃点东西——而这个理由让我吃起来毫无心理负担。

想一想我们平时会编造多少理由让自己不去做应该做的事吧：

○ 我今天很累了，完全写不出东西。

○ 我写作水平太差了，写出来别人会笑话。

○ 学写作干吗呢，又不赚钱。

○ 我是学理工科的，学不好写作也正常。

○ 我还有好多事情，要不明天再开始写吧。

其实绝大部分的理由，不过是在合理化、正当化自己的懒惰而已。当每一个念头冒出来的时候，多问自己一句，结果就很有可能不同。比如，当我觉得我有可能血糖过低时，我问自己：“我曾经发生过血糖过低的状况吗？”——没有，我从来没有血糖过低。另外，其实也有应对低血糖的方案：以后我跑步的时候担心血糖过低，可以在兜里放一块糖，就可以解决自己这个担忧了。

跑步给我的启示是，其实我们大部分的担忧，都是自我限制。而这个小小的担忧，却曾经影响了我好几年。如果有了更高的觉察力，这些无谓的担忧都可以从头脑中清除，然后心无旁骛专注在自己当天要做的事情上。

绝大多数的自我限制，都是我们自己心智模式，或者说“信念”的外在呈现。我们对客观世界的认识，全都由自己的心智模式决定——你相信什么，这个世界就呈现什么。

绝大多数情况下，你都是因为自己的信念，限制了自己的成长。

## 学习的阻碍超出你的想象

我曾经有一位员，他在一家传统企业工作，朝九晚五，即将奔四。学历不错，研究生毕业后当了5年公务员，之后来到这家企业，工作至今。为方便描述，下面称他为“山”。

过去这一年，山的精神状态跌入谷底，体重100千克的他去医院检查出患有高血脂、高血压；这时候山开始找健身教练，因为怕死，减到了80千克。

一年前，他曾在“在行”约见过小能熊学院的陈华伟老师，陈老师向他详细讲解了如何做思维导图、使用印象笔记，讲完课就把思维导图导出来给他，也给了他学院的会员资格，可以听在线课程。他觉得很酷，但回去之后，他拿着那一张思维导图却无从下手，虽然时不时也会听几节课程，可是自己一直没有动手。虽然有第二次约见的机会，但因为自己一直没有学会如何做思维导图，心理压力很大，一直不好意思再去约见陈华伟老师。

我问他：“学习思维导图和写作，你希望达到的目标是什么？”

他愣住了。

我接着问："你是不是从没想过这个问题，你周围的人也没有问过你这个问题？"

他说："是，从没想过。"

没有目标时，在看一部电视剧和看 10 页书之间，你会很容易选择看剧。因为要抵制看剧的诱惑去读书需要耗费的能量太大了，你扛不了几分钟的。

你需要找到你的目标。

过去小半年，他约见心理咨询师，每周见一次，自己觉得有成效，于是推荐媳妇去见咨询师。到目前为止，他媳妇也见了心理咨询师一两个月——可是，他并不敢告诉媳妇，他已经见咨询师四五个月了。

与我约见面的过程中，他不断切换两个账号与我沟通。其中一个小号是私下用，另一个是"正常使用的样子"。

"私下用"的微信号被他用来约见心理咨询师，炒股，以及在"在行"约见我——因为工资收入全都上交，告诉媳妇自己私下约见老师，相当于承认自己有私房钱。

他说，有时候他媳妇会调取行车记录仪的记录查他的行车路线；会去听里面的录音，听完还会问他：你为什么和你妈说这些？

他问我："老师，你觉得可以用印象笔记吗？我媳妇现在也在用思维导图，也学会了印象笔记。"

我说："你问我这个问题，就表明你在担忧这件事情。每次提笔写东西，你都害怕被媳妇发现，一旦害怕，你写的东西就不足够真实，在这种状况下，我给你任何写作建议都没意义。这样，我推荐你另外一个工具：石墨。你不要下载App，只用在线版。每次写东西的时候，都用在线版，然后去掉上网痕迹，这样确保你在一个足够安全的环境下写作，只有这样，你才可以更加敞开自己去学习，而不是被恐惧限制。”

你看，一个中年男性学习写作的样子，竟然像偷情一样。

很多人，可能永远都不知道是什么阻碍了自己；我也不敢保证通过一次短短的咨询就能找到问题所在。我能做的，可能就像医生一样，先给你把把脉，初诊之后，开一服药，一个星期后，看看你身上的症状有什么变化，基于变化，继续调整。不断重复这个过程，或许能找得更准一点。

## 不知道怎么写？不妨倒过来想

查理 · 芒格曾提到逆向思维，其思考方式是：当你面对类似“如何帮助某国？”这样的话题不知道怎么办适合时，你不妨想一想：如何搞垮某国？

只要避免去做“如何搞垮某国？”这一议题中的所有事情，你就在帮助某国。不做错事，就是在做正确的事。

这样一来，事情就变得简单了。比如我能想到搞垮某国的点子有：

○ 把全世界所有罪犯都吸引来

比如，有犯罪记录的人，可以拿到某国居民身份，而且犯下的罪行越严重，给予的奖金越高。

○ 把喜欢赌博的、吸毒的、酒精上瘾的人都吸引来

欢迎世界上所有的富豪来某国兴建赌场和吸毒俱乐部，给他们减税，甚至免税，这类企业的员工享受更好的社会保险待遇，享有更高的社会地位……

……

当然，刚才只是打个比方，我们说回写作。

我在不断教别人如何学习写作，但是学习写作这件事情很难，我很难保证你能学会写作，但是我可以保证，只要做到以下几点，你一定学不会写作：

○ 不要阅读。如果你买了书，千万不要翻，如果你学会了里面的知识，会遭人嫉妒，甚至当你说出了一些现实和真相，也容易遭人讨厌。

○ 碰到任何问题，第一时间问别人。千万不要自己去寻找答案，找答案太费劲了，而且往往花了半天时间还无果。

○ 千万不要学习搜索，一旦你学会了这个技能，你会发现你脑袋中有太多错误的生活方式、工作方法以及错误的理念，而发现这些，会让你原本舒适生活的平衡感被打破，这很痛苦。

网络上有段子说，猪的幸福感比较强，因为它们吃饱了睡，睡饱了吃，啥也不需要操心，每天都活得很开心。获得幸福很简单：像猪一样。

○ 千万不要去关心别人，只需要沉浸在自己的世界。沉浸在自己的世界里，你可以写出最好的文字——你可以陶醉于自己堪比一流作家的文笔和思考深度。

○ 别人给你反馈，千万不要听！他们说话可难听了，每一句话都在针对你。虽然你听或不听，对他们没有任何影响。

学好写作很难，学不好写作却特别容易。只要你完全践行前面的五条建议即可。

祝你好运。

# 写作：最好的自我成长方式

最近，有一位学员即将跟随丈夫去德国慕尼黑长居，她是一位对外汉语教师，是大型外企指定汉语培训机构的明星老师。对于去德国，她充满了不安：她虽然英文很好，但德语才刚刚起步，离开了国内的环境，她需要重新积累客户，比如找公司申请工作机会，继续从事对外汉语教学，但语言和当地文化都是挑战；当然，她还有另一种途径——在网上写文章，立打造自己的个人品牌，积累自己的客户，这样就不依赖于线下机构的束缚。

对于如何在国外工作和生活，我没什么发言权，但对于打造个人品牌以及快速学习，我倒是有一些心得。在电话中，我给她分享了我的成长方式。

2011 年初，我辞掉当时的工作，花了将近两年时间读书与写作。第一年是完全不工作，第二年虽然在工作，但实际上绝大部分时间都在读书与写作。之所以做出这样的选择，原因很简单：在互联网公司工作了三年，我对互联网和科技产生了极大的好奇，但总有隔靴搔痒之感，对这个领域了解还不够深入，于是准备系统性阅读这个领域的图书。读的过程中我产生了一个想法：如果能把读到的东西再写出来，那这本书就算读到位了。为了确保自己把书读到位，当时我要求自己每周至少写一篇读书笔记或书评，并且要让自己的文章发表出去。因为我当时的女朋友在一家报社工作，报纸每周的副刊都需要有一篇书评，于是我每周写一篇，既学到了东西，又发表了文章，同时，每一篇文章还能换 100 块钱稿费。

写了两个月之后，有一天我想，有没有可能让自己的文章在大一点的媒体上发布呢？这样可以让一篇文章在多个平台展示，这对我的个人品牌（是的，当时我就有了个人品牌这个概念）有更好的帮助。于是我尝试着把自己的文章发给当时的网易科技主编帅科，私信问他说："帅科你好，我最近写了几篇文章，请你看看适合发在网易科技吗？"

很快他回复："有没有兴趣来开个专栏？"

这完全出乎我的意料。本来只想同步发布一下文章，结果收到了开专栏的邀请。稿费也从 100 元一篇涨到了 1 000 元一篇。收到邀请的那一天晚上，我几乎彻夜失眠，极度兴奋，脑子里不断涌现着想写的话题——一个晚上，我列出来 30 多个选题，把未来半年的选题都给列了出来。

在网易科技开专栏之后，我调整了写作策略：我一直想把英文学好，也很喜欢国外的互联网产品，而当时国内相关内容的文章还非常少，于是趁着这个机会，我把自己的每天的阅读内容替换成了英文媒体和英文的科技博客。我在网站上订阅了一百多家媒体的英文科技新闻和相关评论，每天花 6~8 小时细细阅读。当时我每周写一篇 1 000 多字的科技专栏，为此投入的阅读时间超过 40 小时。

当时，为了把一个主题写好，我会把相关关键词在搜索引擎前 30 页的链接都读一遍，在阅读的过程中会刻意记录几件事情。如果某篇文章对该话题的阐述逻辑非常到位，我会把这篇文章的逻辑结构记录下来；在阅读每一篇文章的过程中，我都会刻意留意金句（也就是适合当开头或结尾的句子），以及文章的“文眼”或主旨；此外，我还会格外留意搜集案例。有时候我甚至会为了自己特别喜欢的一句话去写一篇文章。比如科幻作家威廉 · 吉布森的“未来已来，只是分布不均而已”，还有麦克卢汉的“我们塑造了工具，最后工具又反过来塑造我们”，这些是我特别喜欢的句子，为此，我都专门写过文章。我有一篇文章的标题就叫“我们塑造了媒体，媒体又反过来塑造我们”，对麦克卢汉这一句话做了更聚焦的改写。

这样的高标准给我带来了极大的好处：半年后，《彭博商业周刊》邀请我开专栏；再过半年，纽约时报中文网也来邀请我开专栏。曾经我的梦想就是成为一名专栏作家，而仅仅在我开始写作两个月后我就成了专栏作家，一年以后，我就成了顶级媒体的专栏作家。

我和这位即将前往慕尼黑的学员分享完这段经历，说：写作有捷径。最快的路就是最难的路，也是最笨的路。最笨的方法就是捷径。

有时候我经常开玩笑说，我从来“不学习”。我只去思考我的产出目标是什么，为了达到这个目标，在过程中就把学习给完成了。但学习不是重点，而是为了实现最终目标的必经之路罢了。我的这个写作方法最早是受到了安替的启发。

安替刚毕业时是无锡一家二星级酒店的总台服务员，后来成为《纽约时报》研究员，并获得哈佛大学尼曼新闻奖学金，成为全球TED大会的演讲人。目前只有三位中国人上过全球TED大会，安替便是其中之一。为了锻炼英语，他每周约一个老外喝咖啡，每天翻译一篇《经济学人》的文章。连续翻译四个月之后，他可以模仿《经济学人》的风格来写文章。这为他日后用英文写报道、做演讲打下了非常好的基础。

几年后，我读到《富兰克林自传》时，发现本杰明·富兰克林的写作法非常有启示：他在儿时所受到的教育，只能让他当一名普通的写作者。后来，一个偶然的机会，他读到一本英国杂志《旁观者》（*The Spectator*），并被杂志中的文章深深吸引。

他选了几篇自己喜欢的文章，然后写下自己对每个句子的简短描述以方便他之后回想起句子讲的是什么，放置几天后，他试着用自己想到的字词来复述记下的摘要，并不断努力写得和原文一样完整。

然后，他把自己根据提示词写出来的文章与《旁观者》的原文进行比照，不断修改。

经过对照练习，富兰克林发现他自己的词汇量并不如《旁观者》的撰稿人丰富。这里并不是指富兰克林不认识那些词，而是他无法在写作时灵活使用这些词汇。为了弥补这个不足，他又想了一个练习方法——写诗。他认为，写诗可以倒逼他想出大量不同的词语，平时他想不到词语，只有在需要与诗歌的韵律和声律模式一致时，他才会努力在大脑中去“检索”它们。于是，他把《旁观者》杂志上的一些文章改写成诗句。改完之后，等他在记忆中完全忘了最初下下来的诗句和措辞，他再把诗句改写成散文。

通过这样的写作练习，富兰克林最终成了美国最受尊敬的作家之一。他写的《穷查理智慧书》和《富兰克林自传》，都成了美国文学中的经典。

富兰克林写作法、安替的翻译法，以及我完全从英文世界选择材料再用中文来表述，这几个方法有一个共同之处，那就是完全放下自己，把自己当成这个领域最无知、最愚笨、最浅薄的人去对待，你最重要的衡量标准，都是来自你的参照对象——找到这个领域最好的文章，模仿它，改写它，然后成为它。

成年人的学习有一个最大的弊端：自以为懂了很多，经常按照已知去学习未知，按照既有模式和习惯去学习新的知识和技能，结果必然是失败的。改写（富兰克林法）、翻译（安替法）与拼贴（师北宸的做法），都是在完全按照模仿对象，且不需要导师反馈的基础上，进行的能力自我培养与训练。

2017 年下半年，我用 5 个月时间完成了 23 万字“职场写作课”文字稿和音频课程。为了完成这一系列课程，我读了 100 多本书。一节 10 分钟的课程逐字稿大约 2 400 字，很多课程我都会超字数——经常写四五千字，甚至六七千字。我对自己的要求是，每一节课，都要有 2~3 本经典书籍作为支撑。

我自己的英文阅读速度从一开始的每小时只能读两三篇，逐渐提升到每小时能读 10 篇。为了完成一个产出目标，我同时收获了好几个学习目标：英语的学习，以及科技领域图书的深入阅读和学习。

## 写作目标与写作计划

逛书店的时候，总能看到村上春树的小说摆在畅销书位置或者书店最醒目的位置，但我从没看过一本村上的小说。2017 年，因为要开设写作课，我买了他谈自己如何写小说的《我的职业是小说家》，这本书给我很多启发。

村上春树说，他一旦开始写小说，就会像开一个餐厅一样，每天定点营业。在他看来，写小说就是很简单的计算题：每天伏案五六个小时，不管想写还是不想写，都写上 10 页，按每一页 400 字计算，一天大约写上 4 000 字，写完停笔。规律性让写小说这件事情可控。一天 10 页，一个月就是 300 页，半年就是 1 800 页，当年他写的《海边的卡夫卡》时刚好写了 1 800 页，也刚好写了半年。

很多人会觉得，这不像艺术家、文学家的做派，村上春树更像是工厂车间的工人，每天定点上班，无论状态好坏，都要交出同样的产量，完成任务之后，睡睡午觉，听听音乐，读读书，再跑跑步。

然而，村上春树的这种写作方式给了我极大的启发。2017 年下半年，我用 5 个月时间完成了 23 万字的“职场写作课”文字稿，并完成了音频课程的录制。在此期间，我还参考了一本学术写作指导书《文思泉涌：如何克服学术写作拖延症》，该书作者保罗 · J. 席尔瓦的习惯是给自己制作一张Excel表格，每个月设定写作目标，每天记录自己写了多少字数，并且每个月检查自己是否完成目标。他还专门给自己一年的目标完成率做了统计，并做成柱状图，用来分析自己写作完成情况（见图 5–1）。

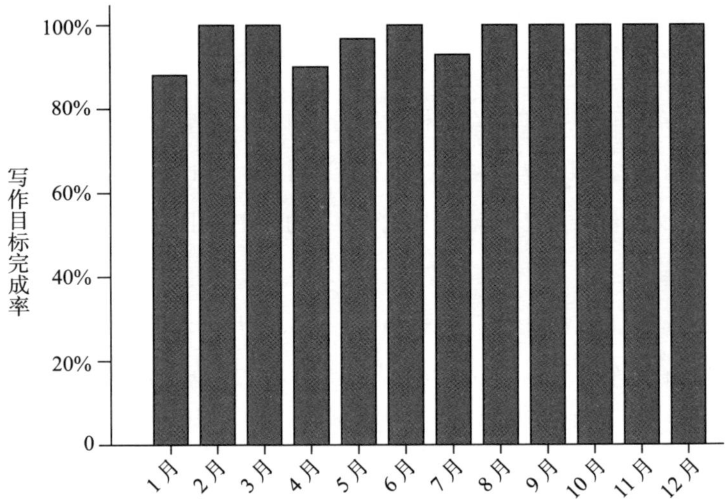


图 5–1　过去 12 个月每月的写作目标完成率

为了追踪自己的进度，我也制作了一张Excel表格（见表 5–1），每天写完之后就统计一下字数。平均下来，我一周写作 4~5 天，剩下的 2~3 天会外出，或者看看电影、读读闲书，让自己大脑放松。

如果你觉得村上春树这种做法操作起来有难度，那蔡志忠在创作的投入度上则称得上“可怕”：在 36 岁时候，他盘点了一下自己手头的积蓄：三套房子，860 万台币（约合 220 万元人民币）的存款。他觉得赚到的钱已经足够养活自己，于是立誓，要去做自己认为有意思的事情。他说自己最想做的是用漫画画尽所有的东方智慧，于是他一个人去了日本，待了 4 年，画了四五十本漫画。

表 5-1　写作计划与完成表

| 日期 | 星期 | 字数 | 项目 | 计划 | 实际执行 | 更新排期 |
|---|---|---|---|---|---|---|
| 2017 年 10 月 25 日 | 星期三 | | | | | 3.1（16） |
| 2017 年 10 月 26 日 | 星期四 | 3 800 | 职场写作 · 速成指南 | | 完成 4.1 | |
| 2017 年 10 月 27 日 | 星期五 | 3 300 | 职场写作 · 速成指南 | | 完成 4.2 | 3.2（17） |
| 2017 年 10 月 28 日 | 星期六 | 7 200 | 职场写作 · 速成指南 | | 完成 4.3&3.5 | |
| 2017 年 10 月 29 日 | 星期日 | 3 000 | 职场写作 · 速成指南 | | 完成 3.4；中信书提纲 | |
| 2017 年 10 月 30 日 | 星期一 | 3 000 | 职场写作 · 速成指南 | | 完成 4.4 | 3.3（18） |
| 2017 年 10 月 31 日 | 星期二 | | | | | |
| 2017 年 11 月 1 日 | 星期三 | | | | | 3.4（19） |
| 2017 年 11 月 2 日 | 星期四 | | | | | |
| 2017 年 11 月 3 日 | 星期五 | 2 638 | 职场写作 · 速成指南 | | 完成 5.1 | 3.5（20） |
| 2017 年 11 月 4 日 | 星期六 | 2 583 | 职场写作 · 速成指南 | | 加餐 5 | |
| 2017 年 11 月 5 日 | 星期日 | 5 255 | 职场写作 · 速成指南 | | 加餐 6 | |
| 2017 年 11 月 6 日 | 星期一 | 6 749 | 职场写作 · 速成指南 | | 完成 5.2、5.3 | 3.6（21） |
| 2017 年 11 月 7 日 | 星期二 | 5 302 | 职场写作 · 速成指南 | | 完成 5.4 | |
| 2017 年 11 月 8 日 | 星期三 | | | | | 4.1（22） |
| 2017 年 11 月 9 日 | 星期四 | | | | | |

（续表）

| 日期 | 星期 | 字数 | 项目 | 计划 | 实际执行 | 更新排期 |
|---|---|---|---|---|---|---|
| 2017年11月10日 | 星期五 | | | | | 4.2（23） |
| 2017年11月11日 | 星期六 | 2 838 | 职场写作 · 速成指南 | | 完成导读 | |
| 2017年11月12日 | 星期日 | 4 685 | 职场写作 · 速成指南 | | 完成5.6 | |
| 2017年11月13日 | 星期一 | | | | | 4.3（24） |
| 2017年11月14日 | 星期二 | 2 025 | 职场写作 · 速成指南 | | 完成6.3 | |
| 2017年11月15日 | 星期三 | | | | | 4.4（25） |
| 2017年11月16日 | 星期四 | 4 630 | 职场写作 · 速成指南 | | 完成6.4 | |
| 2017年11月17日 | 星期五 | 4 718 | 职场写作 · 速成指南 | | 完成7.1 | 5.1（26） |
| 2017年11月18日 | 星期六 | 3 715 | 职场写作 · 速成指南 | | 完成7.2 | |
| 2017年11月19日 | 星期日 | | | | | |

他在东京的酒店里不和人接触，常常连续很多天不出房门，甚至创下了连续 42 天不出门的纪录。他说自己的工作区间只有 4 平方米：一张桌子，旁边一张床。工作累了就睡，睡醒了就起来继续工作。一年 360 天在工作，除夕夜，别人在放鞭炮吃年夜饭，他则在工作室里加班。

他说："当我工作起来，我感受不到时间，时间就像水一样流过我的身体。如果你体会过了你与时间同在的那种感觉，你也绝对不会为了钱而去工作。"

写作训练营每周都有答疑直播，有时候会有学员问：老师，每天学习写作，应该投入多少时间合适呢？我的回答经常是：（空余时间）有多少，扔多少。

当然，我相信蔡志忠老师的工作方式对绝大多数人而言是不适用的。在《生命 · 觉者》的访谈中，他说自己从 3 岁半的时候就开始思考这一辈子要做什么，想了一年之后，在 4 岁半时他想通了：这辈子要画画。然后到 36 岁时，他投入所有精力去做自己想做的事情。

写作者和文字之间的关系，就像老夫老妻一样——每天老见面会有点烦，还时不时拌拌嘴。但是如果有一段时间没见呢，又挺惦记对方，就想有事没事儿说说话，和对方一起看场电影。

日常增加一点仪式感，能和对方建立更深的连接。因此，你也可以试着给自己定下写作的目标和计划，认真执行，和文字建立起链接，并加深对文字的信任。

# 附　录

## 写作的“心法”和“技法”

## 14 天职场写作训练

| 第一周 / 正式书面写作 | | | |
|---|---|---|---|
| | 主题 | 练习内容 | 自我评价 |
| 第一天 | 用金字塔原理搭建结构清晰、数据有力的工作汇报 | 用数据、案例量化日报和周报 | |
| 第二天 | 远离两大误区，让工作规划不再流于形式 | 拆解下周或下月最重要的一项工作 | |
| 第三天 | 发言稿 / 演讲稿的 3 个重点 | 为分享稿拟一个精彩的标题和开头 | |
| 第四天 | 简明扼要会议记录的核心 4 要素 | 根据材料完成会议记录 | |
| 第五天 | 用作品说话，写出 120 分的简历和自荐信 | 通过细节量化简历中的“工作经验” | |
| 第六天 | 写作时注意力不集中，习惯性拖延怎么办？ | | |
| 第七天 | 让大咖、牛人主动帮你的 3 个技巧 | | |

（续表）

| 第二周 / 非正式书面沟通 | | | |
|---|---|---|---|
| | 主题 | 练习内容 | 自我评价 |
| 第八天 | 扔掉千篇一律的自我介绍，用“对比冲突”吊胃口 | 写一份不超过 500 字的自我介绍 | |
| 第九天 | 如何聪明地提反对意见？用“三明治沟通法”打头阵 | 根据材料，区分观察、感受、评论 | |
| 第十天 | 向领导反馈工作难点，选择题更有效 | 针对工作中的困难，从自身和公司角度分析原因 | |
| 第十一天 | 如何让费用申请快速通过？先想好价值与回报 | 以报销学费为例，列出 3 个你能为公司带来的价值与回报 | |
| 第十二天 | 如何更有底气地跟老板谈升职加薪？ | 从工作成就、独特性、他人认可角度，列出跟老板谈判的 3 个理由 | |
| 第十三天 | 表达没逻辑？怎样突出重点、叙述有条理 | | |
| 第十四天 | 三步建立个人品牌，让你自带传播力 | | |

# 写作的底层逻辑

### ○ 逻辑阐述

写作的表面价值：一篇文章

写作的隐藏价值：一篇文章，以及它背后的一群人。读文章背后的那一群人是其价值真正所在。

如果写一篇文章价值 0.1 万，对文章背后那一群人的洞察价值为 9.9 万。

### ○ 误区

很多人只看到一篇文章本身，却忘了文章背后的价值。就好像很多人用产品成本去计算产品价值。

### ○ 文章构成

情绪 > 人设 > 专业

情绪：一句话击中读者

– 社会情绪

– 特定人群的情绪

– 一个人能代表相似的一群人

○ **人设**

个人品牌的识别性，让人对你输出的内容更加认可

不符合用户心智的形象，很难让人信服。写作也如此。

○ **专业性**

专业性来源于大量的积累。1 000 字的输入要有 10 万字的输入。

很多人只学皮毛，学会了引导用户情绪，以及给自己打造人设，却忘了基本功的积累。

一篇文章的专业性是一切的基础，但如果只有干巴巴的专业内容，没有情绪和人设的铺垫，酒香也怕巷子深，文章很难推广；相反，如果没有专业性，只有人设和情绪，则是哗众取宠，迟早会被受众唾弃。

专业性是基础，情绪和人设则是锦上添花。

## 写好简历的 4 大技巧

○ **技巧 1：**

**研究目标公司的特点，投其所好**

○ **技巧 2：**

**避免写出像“说明书”一样的简历，用 2/8 法则放大你的经历**

小贴士：重点突出你的某个经典案例。

○ **技巧 3：**

**写上前老板、同行、权威专家对你的评价**

○ **技巧 4：**

**成为目标公司的超级用户，产品重度使用者**

找你热爱的公司、热爱的产品。杜绝千篇一律的简历，突出你的优势，日常攒人品，获得老师、老板、同行对你的好评。

## 工作汇报的 3 大原则

○ **原则 1：站在老板的角度思考**

○ **原则 2：目标明确，直指结果，注重过程**

○ **原则 3：学会进度管理**

方法：早计划，列优先级，晚复盘

早计划：每天早上列下当天的任务，并给每一项任务标上重要优先级

列优先级：一个月、六个月、三年

晚复盘：记录每天工作收获，并反思工作中的错误与教训

工作汇报首先是写给自己的，然后是给老板的。你的工作要给自己一个交代，同时给公司和老板一个交代。

## 用故事表达你的观点，好故事的 6 大要素

○ **社交货币：在社交中可以交流与流通的“谈资”**

作用：吸引人往下读

○ **悬念：只讲一个开头，但是不揭示谜底**

什么时候揭示谜底呢？最后。

作用：一直吊着读者的胃口，吸引读者往下读。

○ **诱因：给用户一个刺激，引发对方一个反应**

○ **情绪**

情绪分为“正面情绪”与“负面情绪”，即所谓的“正能量”和“负能量”。此外，还有高唤醒情绪与低唤醒情绪。

○ **公共性**

○ **实用价值**

# 后 记

## 感谢写作，我的底层学习驱动力

查理·芒格说：“我这辈子遇到的聪明人，来自各行各业的聪明人，全部都是每天阅读的人。巴菲特读书之多，我读书之多，可能会让你感到震惊。我的孩子们都笑话我，他们觉得我是一本长了两条腿的书。”

每年哥伦比亚商学院都会送学生到伯克希尔·哈撒韦公司①的所在地奥马哈与校友巴菲特聊一聊——其实就是向巴菲特学习。这些学生和巴菲特聊完之后，得到的建议出奇地一致：巴菲特建议他们每天至少读500页的书。阅读的内容要包罗万象，不要仅仅局限在商业和金融领域，更多的是让自己的好奇心来决定阅读内容。

HBO电视网拍摄的纪录片《成为沃伦·巴菲特》中讲到，巴菲特每天的阅读时间超过6个小时，他说他每天80%的工作时间都在阅读。在阅读的时候他把办公室的门关上，不想和别人交流，也不想被打扰，就

① 伯克希尔·哈撒韦由沃伦·巴菲特（Warren Buffett）创建于1956年，是一家世界著名的保险和多元化投资集团，总部在美国。

想一个人静静地待在办公室阅读。

在《成为沃伦·巴菲特》中还有一个小故事，纪录片导演去采访比尔·盖茨，问盖茨与巴菲特最初是如何结识的。盖茨说，最早他父亲和他说："有一位做投资的叫巴菲特，你得认识一下他。"盖茨说："一个搞投资的，我见他做什么？我不喜欢这类人。"盖茨父亲说："你去见见，他和其他人不一样。"于是盖茨勉强答应了，还补充说："那就只吃一顿饭啊，别花太多时间。"

后来，盖茨的父亲安排盖茨和巴菲特一起吃饭。刚聊了没多久，他们就成了特别投机的朋友，吃完饭后，他们还聊了好久。这个过程中，盖茨的父亲分别给盖茨和巴菲特一张卡片，并让他们在卡片上写一个词，描述究竟是什么特点成就了自己。写完之后，他们把卡片翻出来，结果他们写的词一样，这个词就是专注。

我非常感激查理·芒格和巴菲特，如果不是因为看到他们的故事，我很难在创业初期竟然能坚持每天"扔"一半的时间在阅读上。在我认识的创业者之中，我没有看到"扔"一半时间去阅读的。别说一半时间，每天雷打不动读两小时书的都不多。很多创业者处于很大的焦虑、压力、激动、兴奋之中，读书需要平静的心境和相对安静的环境，这对于每天"厮杀"在战场中的创业者而言，是非常奢侈的状态。

如果不是查理·芒格和巴菲特，我真的做不到。他们用自己的实际行动告诉你：他们真的在这么做。虽然我无法去他们身边验证这件事，但我相信他们说的是事实。如果最成功的人的确是把自己绝大部分时间"扔"在阅读上，我觉得我可以去模仿他们。惭愧的是，我只是偶尔能做到一天读500页书，大部分时候，我只能读200~300页，只是巴菲特建议的阅读量的一半。我希望我能逐渐做到他给哥伦比亚商学院学生建议的阅读量强度。

2018年4月2日，在创业两周之后，我在客厅里写下了我们公司的愿景：让每个人拥有一技之长。然后，我花了两个晚上对这句话做推演，简化之后的推理过程是这样的：

如果一个人有一技之长，在物质上，他能有一份养家糊口的工作，起码能有一个体面的生活；如果他的能力比较强，或许能过上中产生活，甚至走向富裕。在我们这个时代以及未来三五十年，任何一个行业顶级的手艺人都可以过上非常体面的生活，受人尊敬，而且这个过程不需要任何潜规则。

如果一个人有一技之长，在精神上，他不太容易得抑郁症或其他较严重的心理疾病。无论他喜欢写作还是烹饪，或者是种种花草、做做设计，他能从一个小手艺中找到乐趣，并投入进去，当他有负面情绪的时候，沉浸在一门手艺之中就是非常好的心理疗愈手段，最关键的是他不会将负面情绪传递给周围的人，他与周围人的关系也会变得更健康、更融洽。当他在技艺上达到一定的程度时，周围的人会发自内心认可他、夸赞他、尊重他，他也能凭此获得极大的自我满足和成就。那么他在每一天的生活和工作中，会有更多快乐和幸福的时刻，而快乐和幸福也会感染身边的人。

此外，在市场上，按理来说本应该培养合格的、优秀的手艺人的学校——技校和职高，其实并没有真正培养出一个人的手艺，他们培养的更多是“工作机器”，即工具化、功能化的人，只是把手艺当作赚钱的方式。而且这一类院校在社会上的标签是“考不上大学才去的地方”，这一类学校没有得到应有的认可和尊重，不仅它们的老师没有高的社会地位或得到认可，去这一类学校的学生也被社会打上了“二流人才”甚至是“三四流人才”的标签。最可怕的是，当你给自己打上这个标签的时候，你对自己是极大的否定。

可是，在美国、日本、德国，一个手艺人、一个蓝领工人的社会地位，得到的尊重和认可，和白领是相同的，他们并没有高低贵贱之分，很多人并不想去读大学，而更愿意去技术学校学好一门手艺。

马云的梦想是“让天下没有难做的生意”，当马云的梦想实现之后，那意味着如果我们都去做生意，而且生意交易成本足够低，那么接下来面临的问题是——卖什么？你的产品和别人的产品有什么不同？有什么独特的优势？

产品，只能由手艺人来创造，只能由拥有一技之长的人来创造。这不是说要倒退回手工业时代，它的意思是，所有优秀的产品，最初都来自某一个或某几个手艺人。微信的早期团队，只有十个人；苹果开发第一款产品时，只有乔布斯和沃兹尼亚克；脸书的第一个版本，是扎克伯格一个人在宿舍里开发出来的。新东方最早也只有俞敏洪、徐小平、王强等几个老师刷电线杆贴广告、讲课。这些人都是从一门手艺开始，然后基于这一门手艺构建出自己的商业帝国。

如果你并不想成为企业家，但你有一门手艺，你可以选一个你喜欢的公司、选一个你喜欢的老板、选一个你喜欢的客户，告诉他们，和你合作需要接受你的价码，你告诉他们和你合作需要尊重你的工作习惯，你告诉他们，晚上 8 点以后不工作、不回微信，周末要出去玩。只要你的手艺过硬，你不一定能 100%按照你的意愿生活和工作，但至少能做到 80%吧？我现在看到很多人连 20%的掌控都觉得好难。如果有一门手艺，你是可以掌控自己的人生的。

过去十年，我放弃了非常多的机会，或者说放弃了众多的诱惑。我在凤凰科技做主编的时候，猎头打电话介绍新浪、360 等大公司特别重要业务线的公关总监或市场总监的职位，而我选择了去一家当时只有 200 人的创业公司豌豆荚，当时我的直属领导是市场经理，所以我其实就是市场专员吧。我在公关公司时一年就能做到年薪百万以上，后来我选择从零开始制作课程，没有任何稳定的收入，也放弃了自己在行业里积累多年的“高端人脉圈”，只是为了满足自己做产品的心愿。我知道，我自己有手艺，我可以选择随时回去，我也可以选择自己去做点东西。因为有手艺，我对自己的人生拥有选择权，这些选择都是实实在在的。

蔡崇信放弃了 580 万年薪，加入阿里巴巴领 500 元工资。后来阿里巴巴的故事你也知道了，他获得了大于 580 万年薪若干倍的回报，成为阿里巴巴的二号人物。马云自己说过，能取得今天的成就，最感谢 4 个人：孙正义、杨致远、金庸、蔡崇信，如果非得选一个最感谢的，那就是蔡崇信。

马云没有挖他，他太贵了，不敢挖，也怕害了人家。但蔡崇信想得很清楚：“如果在你这里没干成，我依然能回去做年薪 580 万的工作。我的损失是一年 580 万，这个上限是确定的。可是如果错过了阿里巴巴的机会，损失的上限是不确定的。”

我有一门手艺，我特别知道自己放弃的是多少上限的机会，而我所投入创造的，是无法预知多大上限的。我有非常强的工作原则，我十分内向，且讨厌基于搞关系和送回扣的生意关系，我讨厌坏人——请原谅我用这个词，在我的字典里，人有善恶好坏之分，我理解很多人作恶的动机、背景，但善恶是有别的。此外，我还喜欢好东西：好的电影、好的音乐、好的物件。如果不小心买到、看到烂东西，真的很不喜欢。好东西，只能靠花心力以及很好的审美与品位，去一点点制作出来。我不想被别人恶心，自己也时时告诉自己不要做恶心别人的东西。

我喜欢经纬创投张颖在混沌大学演讲的主题——在人生十字路口，我选择爱憎分明。他对曾经帮助过他的人，要十倍地去回报；但是对那些伤害、消耗他的，他有自己的黑名单，在可选择的时候，坚决不和黑名单中的机构合作。

巴菲特说，他完全不关心华尔街和分析师们怎么看他，但他很关心股东们怎么看他。我完全不在意与我无关的人怎么看我，我很在意我的家人、团队、用户、伙伴怎么看我。

我的行事风格和做事原则在公司内部极度公开和透明，我们努力凭自己的本事去赚每一分钱，不动歪心思，不走旁门左道，在创业过程中我们的确有很多事从零学起，我会如实告知是否可以合作共事，双方自主选择。在这个过程中，我努力把事情一件一件规范起来。

我特别感谢在创业过程中读到了微软第三任CEO萨提亚 · 纳德拉的《刷新》。他说很多企业家都是在退休之后再写书，为自己这一生“盖棺定论”，他说他虽然刚刚上任，事务极为繁忙，但他要把这本书写出来，因为他要重新找回微软的灵魂，要推动微软进行变革，而这本书就是他推动变革的一部分。这本书可以影响微软所有的员工、合作伙伴以及客户，他要通过他的书去传递他的理念。他让我极为敬佩。出书对他而言，并不是为自己留一个好名声，他是行动者、变革者与实干家，他要通过出书来帮助自己去实现变革的想法。

受到纳德拉的启发，我也告诉自己一定要在创业初期把这本书写出来，我想通过这本书传递我做人做事的理念。按照计划，这本书应该更早一年出来的，在写书期间，我接了几门课程的制作，忙着筹备线下课，以致这本书中途搁置了一段时间。非常感谢我的编辑曹萌瑶对我的体谅和理解——在此期间我的确面临很大的压力，她如果疯狂催促，会让我觉得更加愧疚，也会有更多的焦虑和压力。

2019 年她开始在中信出版社内部创办自己的工作室，坚定地要把我的书约带出来，并重新走完了审核流程（我这本书的书约因为拖延太久，在社里需要重新审核）——在我不知情的情况下。中间的波折她自己搞定，然后只是告诉我一个结果。在此期间，有不少出版社来找我，希望出版我的作品，我一度也考虑过，要不把我的某一门课程整理成逐字稿。后来我也约萌瑶聊我的想法，还没说出口我就觉得羞愧。答应了她的书约在先，还没完成这一本书，就想着其他书，非常地不负责任。而在整个过程中，她很认真读了我的书稿，她知道如何去策划和营销，而且给出非常具有诚意的条件，每一个细节都是所有找我谈合作的编辑中为我考虑最周到的人。对此，我极为感激，感激她的理解、体谅、包容、信任与支持。我也很开心，终于可以把书稿交给她了。

感谢我的父亲师重先，感谢我的母亲何玉梅。我在开始创业之后，才逐渐发现自己身上的天赋，这些都是我的父母给我的礼物。我感谢在我成长过程中他们对我的“放养”，很少评判我的是非，尊重我做的每一个决定，哪怕我的决定他们不喜欢，这是我感受到的他们对我付出的爱。我妈妈并不是一个脾气很好的人，但是她把最大的体谅和包容给了我。我爸爸承担了家庭的责任和压力，这是我做得不好、仍然要向他学习的地方。

我还要特别感谢在我创业前以及创业后给我无限支持的April，她经常对我直言不讳。我总是事后才反应过来，原来她对我的提醒是对的，而我却经常陷于自己的情绪——愤怒、自责、内疚之中，没有做到客观看待自己。我在书里写到的“痛苦+反思+行动”，更是我自己需要不断修炼的。当我痛苦的时候，我是否能客观、理性、准确去判断自己的行为。

我要感谢我的合伙人高洁，在我谈到我的创业想法的时候，她无条件地信任我并全身心地支持，过去好多年她都在北京工作，我说我想在南方找个地方开始，想暂时远离一下北京。本来我还想了好多的话术，去想要怎么说服她，结果我刚一提出这个想法，她立马答应：“好！”我吃了一惊：“好？”她说：“好。”后来她朋友很吃惊：“你都没想过，自己要被骗了怎么办？”她说：“还真没想过。”我们决定一起去长沙开始创业时，不过只聊了三四次而已。

在创业的过程中，我时而亢奋，时而低落，有时候想法特别多，有时候想法变得又很快，很多意见也都听不进去，还特别骄傲、自负。我如果有一个分身，肯定忍受不了自己。很奇怪，她都能接受。我以前对于找合伙人有两个判断标准：价值观一致，能力互补。和她搭档之后，我加了第三条：重大人格缺陷不冲突。我甚至认为，第三条要放在第一，这三条标准的顺序应该是：重大人格缺陷不冲突，价值观一致，能力互补。创业找合伙人和生活中找伴侣有很多相似之处。这三条标准，也适用于找另一半。

如果你去观察这个世界上最有成就的企业家们，他们往往拥有极大的人格魅力，但与之对应的是，他也有一定的人格缺陷。能做出伟大产品的人，都有一些普通人无法理解、无法接受的特质。他们在创业征途中，通过与互补的合伙人合作，充分发挥自己特长，以及努力避免自己的人格缺陷产生重大破坏力，从而创造出自己的事业。我很感激，我的合伙人高洁能接纳我的特质，我也很庆幸，我们非常符合这三个条件。

我还要感谢在早期创业中加入我们团队的清风，她最开始从武汉跑到长沙来我们团队实习，加入之后几乎就没日没夜在工作，有时候工作到晚上三四点回去洗个澡之后早上七点多又开始第二天的工作，加入团队后前两个月只完整休息了一天。她毕业后去深圳待了几个月，后来又来到北京，再一次加入我们团队。我们的合作伙伴曾经给过一句评价："在十点读书几万个社群中，唯一在闭营之后依然有高质量的讨论内容的，只有师北宸写作训练营。"而这个项目几乎是她独自负责的。刚刚毕业取得这样的成就，是足以算作职业生涯里程碑的。很感谢她，即使很不适应北京的生活，还是加入了我们这家在北京的公司。

很感谢我的前同事、曾在微软任职的陈佳，在我创业初期对我的帮助，她是我们第一个客户。很荣幸，因为她，我们第一个客户就是全世界市值第一的公司的员工。我曾经做砸过项目，她依然理解和体谅了我。这对我非常重要。

感谢三节课的三位创始人Luke、黄有璨、布棉。三节课的三位创始人是我最早认识的同路人，他们走在我前面，为我树立榜样、给我激励。他们初心不改，是真正想做教育的公司。在创业前Luke说我很敏感，是一位好的产品经理，这给了我极大的力量和信心。而那时候我还没有完整做出过一款产品。

感谢我的好朋友和合作伙伴李朝军，他总是替我操心我们公司是否能赚钱，不断介绍投资人、人才、合作方给我认识，他比我还担心我们公司赚不到钱。他答应要为我做的事情没做到的时候，总是特别不好意思地说抱歉。真是一位特别真实、单纯又可爱的人。

感谢我的好朋友和合作伙伴Kyle，最早我们因合作认识，他邀请我录制视频课、去他的线下课做客座讲师，我的线下课他是第一个支持者，而且自掏腰包来报名。在一起合作半年多之后，有一次高洁去拜访他，他极为真诚地说："像师北宸这样的人，值得被更好地对待。"听到这句话，高洁一下子就绷不住了，我在电话里听到高洁给我的转述，也感动得不行。他花了一下午时间，完全从我们公司的角度以及我个人的特点给我们设计商业模型。他永远都站在我的角度为我考虑，而且极为务实，这一点是我极为欠缺的。

还要感谢我们早期团队的高亚辉，以及一年后加入我们团队的世静。

高亚辉在三个月内做了上千页的PPT，经常熬到半夜三四点，被我虐得很惨。总之，我和高亚辉之间有一种非常奇妙的感情连接。世静一开始不太适应我们的工作方式，但她擅于接纳不同意见，又极具反思精神和自我成长意愿。这个品质令我们团队其他人都非常佩服她。

感谢加入我们团队的实习生于金卉、李靡洛，第一次见于金卉我问她是哪里人，她说："山东人，山东人的特点就是能吃苦。"我一听就笑了，这也太实诚了。李靡洛后来离开了我们团队，但依然时不时会来办公室。她情商极高，和工作了10年的合作方打交道也能应对自如，这让我非常惊讶。

非常感谢最早支持我的学员吴蕾。2017年2月19日，我第一次在线上开写作课，她是那200多人中的一员。从那之后，我开设的所有课程她都来参加，并且一直支持。

谢谢李翔，我们合作的阅读训练营合作老师，他让我发现了自己在回避什么。感谢浩之，他让我了解到一个人的精神世界竟然可以如此丰富。感谢吴雪钰、吴翠、怀左，在我们创业之后对我们的支持。感谢宁峰，每次去见合作伙伴都会想着帮我。

非常感谢为写作训练营给予了极大帮助和支持的郎宇、徐海瑜、江武墨、刘忻怡、燕子、和莉莉、三小姐、小朱班纳、纪霓、张敏。郎宇的充分信任，让我倍加珍视并督促我更加努力；徐海瑜的认真和系统化考量，给我打开了思考的一扇门；江武墨是一个特别简单干净而又极度自律和勤奋的人，他用行动感染了特别多的人；刘忻怡极其认真、负责、理性、客观，对推进新事物抱有极大热情又在工作上一丝不苟，她的优点很多都是我不具备的；谢谢燕子一直以来的充分信任，她学历不高，可是比很多博士更有智慧；和莉莉的洞察力极为惊人，而且还有自我反思能力，每一次见她都能发现她的高速成长；三小姐特别真实、善良、爱憎分明，而且拥有令人惊叹的想象力和创造力；小朱班纳极其认真、上进，他是“用作品说话”最好的代表；每次见纪霓我都调侃她是一个“棉花糖”，外表温和很有亲和力，对待工作却非常有想法和拼劲；感谢张敏，我们虽然沟通并不多，但她让我更好地意识到自己的问题，而且非常真诚地在帮助我。

感谢写作训练营的所有助教和班组长：

咕噜，小黄叔，姣子，刘利，张巧，米爵，沈飞，镜子，希圆，大猫，小雪花，小迷糊，vurst，刘洋，熊七夕，妙，绾心，小扎克，罗马假日，深海游鱼，张哥哥，董岳洋，小葱哥，君临天下，猫尾草，小叶子，小苦瓜，小欢喜，Lika，iPencil，许愿，李青，千林一叶，薰衣草，Nova，唐文婷，韩大楠，源源妈，燕然，风来了，肖潇，梦凡，爱上老鼠的猫，闷闷，冯斯奋，减减，小舟，伊文，Maggie，W先森，程艳平，射手座的鱼，大头敏，㛪㛪，八月，周琴，power+，兰欣，聽，思满，陈林，那呀，一森，糖小糖，岚岚，牧灵，恵菊，温暖暖，韩青，Reena，文文文，老狼，芝麻大酱，悦悦，小天，萨曼莎，涂文娟，京雯，丹丹，郭海波，熊滚滚，甲子心觉，郑梅华，常笑，格半，竹一刀，夏夏，Isabelhong，向晚，魏建波，乔乔，张丽琴，吴蕾，羽美人，小小，林福红，元气少女，木才，抖腿，Lulu，李桐，麾麾，刘壮实，李小萌，Lanny，独善，羊先森的羊，斓书，彩虹，西西，河阴石榴乔，清语，夕语，Annie，兰德，逆流而上，横扫千君，苦荼非苦，乔悉，Andy，风，小云儿，Jane简，王耳朵先生，莉，五月多，CJ，荣，八百里赤赤，winny，彩霞，国，怂苞谷，畅姐，沙门空海，张莹莹，斯伟，小灰灰，罗抱抱，动物园先森，雷二，大新子，张小娟，夜小问，季恒，鹅卵石，张晓莹，许桂然，贾鲁娜，韦诗锐，mandola，晓洁，杨瑞桥，吴小丹，小白菜，佩璐，李德灿，俐俐，张晶晶，澜沧月，岳邦瑞，娟娟，Shertin，董航，小仙女要炸，岚，小游，星子，丫头小悦，泡的米饭，veryyang，郭庆军，张蔚，严秀玲，sunshine，吴霄，Alina酱在东京，昕昕，惠菊，Leon.t，刘江涛，文婷，大焦，晨曦，寒木，双人鱼。

还要感谢以下所有在我创业过程中提供过帮助的合作伙伴：网易公开课的文处萄、颖敏、扣舷，精雕细课的郑廷鑫、徐升、Yolanda、温凉，三节课的饼饼、Elise、小白、阿贵，爱德曼的Joy宋倩，春光里资本的Julia，对外经贸大学的钱爱民校长、刘城老师，人人车的韩迪，玄鸟公关的张立竞、赖潮森、赵晖，飞拓公关的Megan，广联达的于兴华、罗旋，一块听听的李笑来、糖糖、吴月乔，在行陈怡静、暖暖，印象笔记的王储，十点读书的位婷，喜马拉雅的王家玮，樊登读书会的水母，CCTalk的刘佩，今日头条的囡囡，知乎的宋荣荣、王柳浩，36氪的张薇，360南瓜屋的覃艳、杨华，微软的Lily。还有合作方——深圳壹境联合办公空间的陈振宇、罗晓蓉，空体合作的负责人杨微，深圳UTCP深圳湾国际创意孵化中心的陈雨润，上海奕桥|BRIDGE+的Sarah。